知識ゼロからのビジネス菜根譚

経営コンサルタント
前田信弘 著
古谷三敏 画

念頭寛厚的
如春風煦育
万物遭之而生。
念頭忌刻的、
如朔雪陰凝、
万物遭之而死。

念頭の寛厚なる的は、
春風の煦育するが如く、
万物これに遭いて生ず。
念頭の忌刻なる的は、
朔雪の陰凝するが如く、
万物これに遭いて死す。

幻冬舎

はじめに

『菜根譚《さいこんたん》』は、明代の万暦《ばんれき》年間（一五七三〜一六二〇年）に、洪応明《こうおうめい》（字《あざな》は自誠《じせい》）によって書かれたものとされる。

『菜根譚』は、儒教と仏教と道教の三つの教えを融合し、そのうえにたって処世の道を説く、すぐれた「人生の書」である。昔から多くの人々に愛読されてきた『菜根譚』は、今なお、混迷する現代という時代を生きる者に、多くの教訓を与えてくれる。

本書では、日常生活や日々のビジネスシーンで役立つ『菜根譚』の教えを取り上げ、生活や仕事などに即して解説を加えてある。本書を通して、人生や仕事に役立つ『菜根譚』の教えを見出すことができれば、また、それが日々の生活の励ましや安心感につながれば幸いである。

なお、本書の書き下し文・白文は、『菜根譚』今井宇三郎（岩波書店）によります。また、訳は『菜根譚』今井宇三郎（岩波書店）、『菜根譚』中村璋八、石川力山（講談社）、『[決定版] 菜根譚』守屋洋（ＰＨＰ研究所）を参考にさせていただきました。この場を借りて感謝申し上げます。

CONTENTS もくじ

はじめに……1

第1章 社会人として

人間はあやつり人形　自分で自分をしっかりとあやつる……8
悪い行いは露見する　人目につかないところでも行いを慎む……10
三つの条件を満たした立派な人物……12
やる気のない者は進歩しない……14
厳しい忠告は自分を磨く砥石　甘い言葉は毒……16
冷静な目、耳、感情、心　つねに冷静に対処すること……18
行きすぎることの弊害「出る杭は打たれる」……20
見放されるよりも叱責されるほうがよい……22
社会人としてのあり方　心がけたい四カ条……24
楽もあれば苦もある　一喜一憂しないこと……26
競争社会の中　競争から一歩距離を置く……28
現場で使える『菜根譚』フレーズ その1……30

第2章 世渡りの術

賢く、そしてしたたかな世渡りの秘訣……32
きわめて大切な「耐」の一字……34
一歩譲ること　これが世渡りの極意……36

甘すぎず、からすぎず　バランス感覚を身につける……38
「能ある鷹は爪を隠す」才能はひけらかさない……40
「水清ければ魚棲まず」あまり潔癖すぎないこと……42
逆境に身を置くと自分が磨かれる　順境のときは気持ちを引き締める……44
世間に振りまわされない　自分の身、心のあり方……46
人生は短い　無駄に過ごしてしまうことを恐れる……48
牛と言われようと、馬と言われようと　腹が立たない境地……50
現場で使える『菜根譚』フレーズ その2……52

第3章 人とのかかわり

受けた恩は忘れず　与えた恩は忘れてしまう……54
人との接し方のコツ「やんわりと」……56
人に対して譲ること、寛大にすること……58
うかつに自分の本心を語ってはならない相手……60
ちょっとした一言が人間関係を壊すことも……62
ほめるときも、非難するときも用心深い姿勢で……64
「触らぬ神に祟りなし」かかわらないほうがよい相手もいる……66
感謝や見返りを期待しないこと……68
人からうらまれないためには人に対して寛大になること……70
「窮鼠猫をかむ」だから逃げ道を用意する……72
人を使うときと人とつき合うときの注意点……74
現場で使える『菜根譚』フレーズ その3……76

ほめるときも相手との距離を考えなきゃね
うかつにほめちゃだめだよ

第4章

仕事に取り組む

コツコツと努力を続け好機が訪れるのを待つ……78
長続きするものを手に入れるには時間がかかる……80
下り坂のきざしは最盛期に現れる……82
余計なことは言わない　多弁であるよりも沈黙を守る……84
じっくり力を蓄えれば高く舞い上がることができる……86
うかつに安易な方向に行くと深みにはまり込む……88
完璧を求めない　余裕を持ってほどほどに……90
本物は見せない　見せびらかすのは本物ではない証拠……92
こびへつらう者は肌を刺す「すきま風」、十分に注意……94
口は心の門でありわざわいのもとでもある……96
苦心が苦痛にならないように「ほどほどに」の精神……98
立場を変えると今まで見えなかったものが見えてくる……100
うまくいっているときこそ慎重を期す……102
「足るを知る」満足することを知るべし……104
失敗しないためには調子に乗らず、最後まで手を抜かないこと……106
現場で使える『菜根譚』フレーズ その4……108

第5章

日々の生活において

暇なときもぼんやりと時を過ごさない……110

元気なのはいいが君は一言余計だよ！
はあ…

突っ走ろうとする自分を見る　もう一人の自分……112
十分な満足も瀬戸際もともに危険な状態である……114
「潮時」を心得て宴たけなわで去っていく……116
ちょっとしたことが大事を招く　小さな問題も見逃さないこと……118
失意のドン底にあっても投げやりにならない……120
暇なとき、忙しいときの心の保ち方「忙中閑あり」、忙しい中のわずかな暇……122
よい評判も悪い評判も鵜呑みにはしないこと……124
自分と他人を前向きに比較すること……126
「清濁併せ呑む」広い度量を持つ……128
ときには静かな環境に身を置く……130
現場で使える『菜根譚』フレーズ その5……132

第6章 人の上に立つ

はじめが肝心　最初は厳しい態度で……134
名誉は自分だけのものにせず人にも分けてやるべき……136
重要な地位にあるときには毒針に刺されないように注意……138
相手の悪いところを指摘しつつよいところを見出し評価する……140
リーダーたるもの春風のような存在でありたい……142
部下を自由にしておき自発的な変化を待つ……144
その地位にあればそれなりの責任を果たさなければならない……146
部下に対する上司の心得　評価をあいまいにしない……148
部下指導のテクニック　相手が受け入れられる程度の叱責……150

たまには　僕のよいところにも気づいてほしいもんだね
ハハハ ごめん ごめん

すぐれたリーダーの一言が部下を救う……152
「鉄は熱いうちに打て」卵の段階でしっかりと教育……154
現場で使える『菜根譚』フレーズ その6……156

第7章 事業を行うとき

事業の基礎は「徳」である……158
始めるときには退くことも考えておく……160
事業を始めるときは強い石弓を発するように慎重に……162
成功をつかむためには素直さと柔軟さが必要……164
好調なときと失敗したとき　失敗しても投げ出さない……166
事業経営の秘訣　人を喜ばせるだけではダメ……168
過去の失敗にくよくよするよりも将来の失敗に備える……170
「二兎を追う者は一兎をも得ず」一つのことに集中する……172
行き詰まったら初心に立ち返り成功したら行く末を見定める……174
倹約は美徳　だが、度が過ぎるとマイナスに働く……176
逆境を順境に　平穏なときに備えを……178
客観性と主体性を兼ね備えること……180
現場で使える『菜根譚』フレーズ その7……182
おわりに……183
参考文献……183

今度は失敗しないように注意するわ
もう少しがんばってみよう！
そうだよその意気だよ

第1章

社会人として

社会人としてどうあるべきか？

人間はあやつり人形
自分で自分をしっかりとあやつる

人生は原《もと》是れ一傀儡《かいらい》なり。只《た》だ根蒂《こんてい》の手に在るを要し、一線乱れず、巻舒《けんじょ》自由にして、行止《こうし》我に在り、一毫《ごう》も他人の提掇《ていてつ》を受けざれば、便《すなわ》ち此の場中を超出せん。

人生原是一傀儡。只要根蒂在手、一線不乱、巻舒自由、行止在我、一毫不受他人提掇、便超出此場中矣。

（後集一二八）

訳

人間は、元来、一個のあやつり人形のようなものである。ただ、そのつけ根のところ（あやつる糸）をしっかりと自分の手で握っていることが大切である。あやつる糸を一本も乱れないようにし、糸の巻き伸ばしも自由自在で、人形が行くも止まるも、すべて自分の思いどおりにし、少しも他人の干渉を受けなければ、芝居の舞台を超えて出ることができよう。

自分をしっかりコントロール

おもしろいたとえである。人間はあやつり人形であり、自分が自分というあやつり人形をしっかりとあやつり、他人の干渉を受けなければ、芝居の舞台から抜け出すことができるという。

このことをビジネス的に考えてみるとどうなるだろうか。自分を自分であやつる＝**自己をコントロール**する、つまり**自己管理**の問題といえよう。自分をしっかり管理することは、社会人としての第一ステップ。基本中の基本である。

今一度、自分で自分をしっかりとあやつっているかどうかを確認してみるとよいだろう。

自分で自分をあやつる

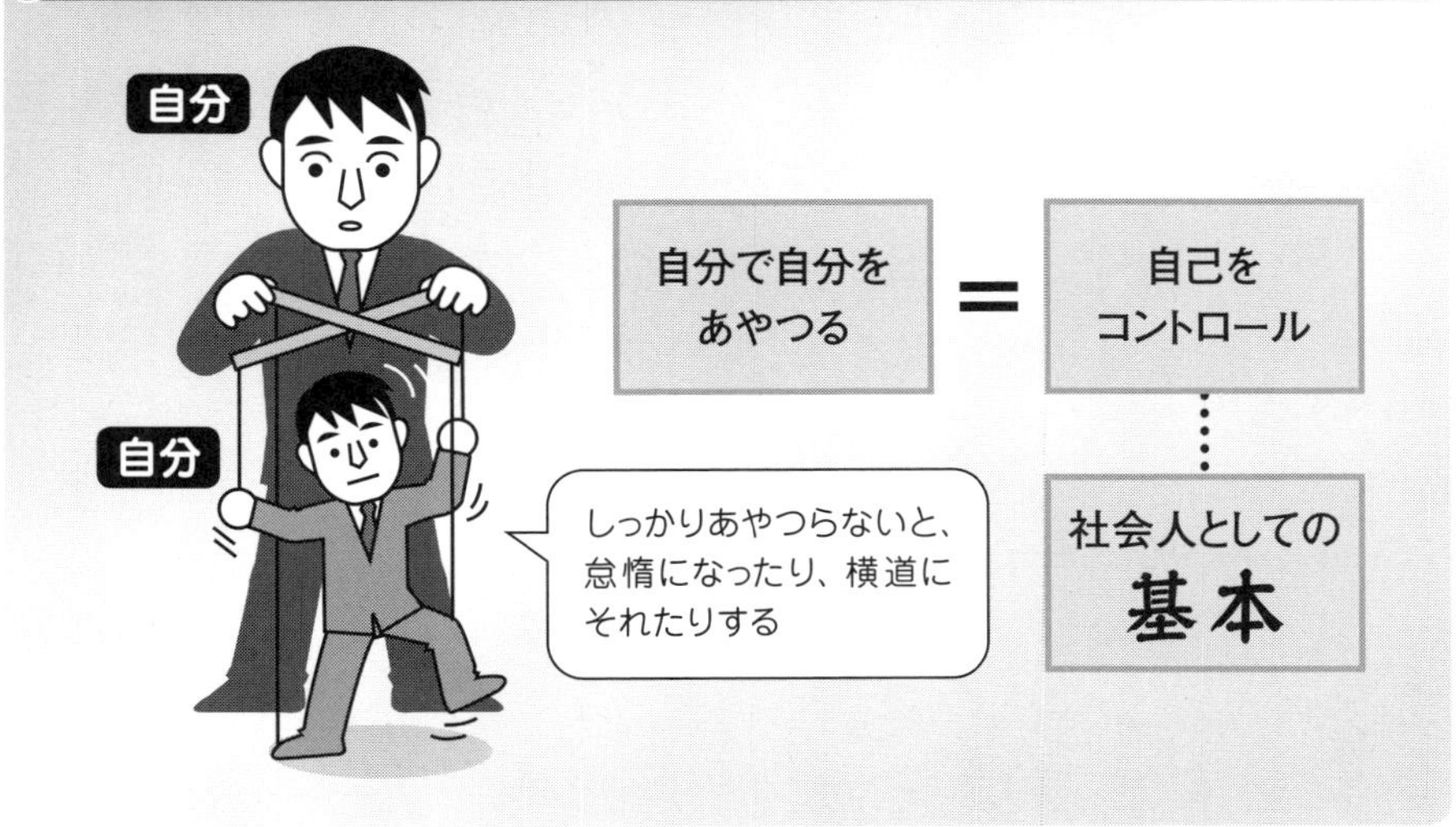
自分
自分
しっかりあやつらないと、怠惰になったり、横道にそれたりする
自分で自分をあやつる
＝
自己をコントロール
社会人としての基本

今日は二日酔い…
調子悪くって…
おいおい
社会人としての基本はまず自己管理だぞ
わかったよ

悪い行いは露見する
人目につかないところでも行いを慎む

肝《かん》、病を受くれば則《すなわ》ち目視《み》ることと能《あた》わず、腎《じん》、病を受くれば則ち耳聴《き》くこと能わず。病は人の見ざるところに受けて、必ず人の共に見るところに発す。故に君子は罪を昭々に得ることなきを欲せば、先ず罪を冥々に得ることなかれ。

肝受病則目不能視、腎受病則耳不能聴。病受於人所不見、必発於人所共見。故君子欲無得罪於昭昭、先無得罪於冥冥。

（前集四八）

訳 肝臓を病むと目が見えなくなり、腎臓を病むと耳が聞こえなくなる。このように病気というものは、まず人に見えない身体の内部に起こり、やがて必ずだれにでも見える身体の外部に現れてくるものである。だから君子（立派な人物）たる者、人目につくところでわざわいを受けないようにしようと思ったら、まず人目につかないところで罪を犯さないように心がけるべきである。

人目につかないところでも行いを慎め

肝臓や腎臓のたとえが医学的にどうかということは別にして、人目につかないところでも、一人になったときにも、行いを慎めという教えである。

仕事上、人が見ていないから、ほかの人にはわからないだろう……といって、手を抜いたり、ごまかしたりしたことはないだろうか。もしそういったことがあれば、やめておこう。そういう行為はいずれ露見するものだ。人前にさらされて、信用が失墜するのは必至である。**人目につかないところでも自己を律する**——ビジネスパーソンの基本的な心得の一つとしておきたい。

人目につかないところでも自己を律する

人目につかないところ
×
人が見ていないから、ごまかす、手を抜く
いずれ露見し、信用を失うことに
○
人目につかないところでも、自己を律し、行いを慎む
ビジネスパーソンの基本的な心得

一人でも仕事に手抜きは禁物！
これで完璧！さあ帰ろう

三つの条件を満たした立派な人物

小処《しょうしょ》に滲漏《しんろう》せず、暗中に欺隠《ぎいん》せず、末路《まつろ》に怠荒《たいこう》せず。纔《わずか》に是《こ》れ個の真正の英雄なり。

小処不滲漏、暗中不欺隠、末路不怠荒。纔是個真正英雄。

（前集一一四）

訳　小事だからといって手を抜くようなことはなく、人が見ていないからといってあざむきかくすことはなく、落ち目だからといって投げやりになることはない。こうしたことができてこそ、はじめて本当のすぐれた人物であるといえる。

立派なビジネスパーソンの条件

すぐれた人物、立派なビジネスパーソンの三つの条件ともいえるものだ。

①ささいなことでも手を抜かない、②人の見ていないところであざむかない、③失意のときに投げやりにならない。

日々の生活や仕事において、自分がこの三つの条件を満たしているかどうかを考えてみるとよいだろう。ささいなことに手を抜いてしまったり、人の見ていないところであざむいたりしてはいないだろうか。

三つの条件、すべてを満たすよう心がけていきたいものだ。

三つのことができているか?

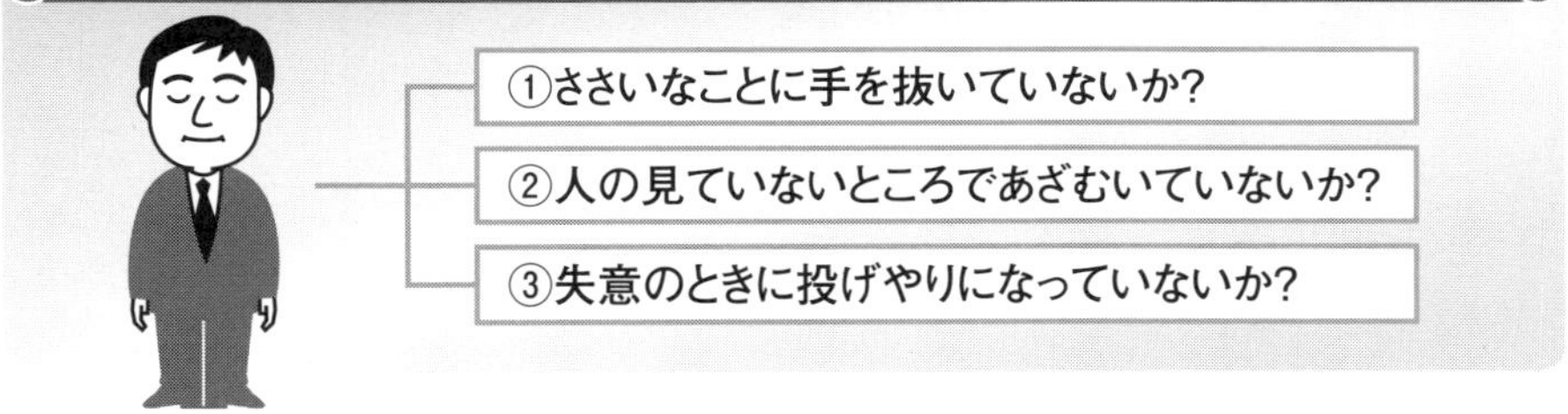
①ささいなことに手を抜いていないか?
②人の見ていないところであざむいていないか?
③失意のときに投げやりになっていないか?

立派な人物って
どんな人なんだろう?
そうだなあ
ささいなことに手を抜かない人が見ていないところで人をあざむかない
そして失意のときに投げやりにならないことかな
松ちゃんには当てはまらないね
いや一つぐらいは…

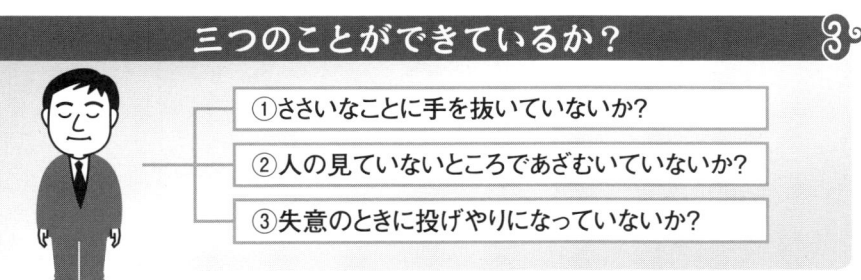

やる気のない者は進歩しない

泛《ほう》駕《が》の馬も、駆《く》馳《ち》に就くべく、躍《やく》冶《や》の金《きん》も、終《つい》に型範《けいはん》に帰す。只《た》だ一に優游《ゆうゆう》して振わざるもの、便《すなわ》ち終身個《こ》の進歩なし。白沙《はくさ》云う、「人と為《な》り多病なるは未だ羞《は》ずるに足らず。一生病なきはこれ吾が憂なり」と。真に確論なり。

泛駕之馬、可就駆馳、躍冶之金、終帰型範。只一優游不振、便終身無個進歩。白沙云、為人多病未足羞。一生無病是吾憂。真確論也。（前集七七）

訳 車をひっくり返すようなあばれ馬でも、人の御《ぎょ》し方しだいでうまく走らせることができるし、鋳型《いがた》からとび出す金も、ついには鋳型におさめることができる。ただ、のらりくらりと日を過ごし、少しもやる気のない者だけは、一生涯、進歩がない。陳白沙※が言うに、「生まれながらに病気が多いのは、ちっとも恥ずかしいことではない。むしろ、一生涯、病気をしないで、病気の何たるかを知らないほうが、自分には心配の種である」。本当にたしかな議論である。

※陳白沙…明代の思想家。

何といっても「やる気」が大事

問題があっても、やり方しだいでうまくいくこともあるが、やる気のない者については、進歩が望めないということである。

現代にも通じる基本的な教えといえよう。たとえば、今はできない仕事であっても、やる気さえ持っていれば、少しずつでも進歩が期待できる。奮起する心があれば、いずれはできるようになるだろう。だが、やる気がなければ、進歩は望めないし、いつまでたってもできるようにはならない。

つまり、**何といっても「やる気」が大事**。永遠の真理といえよう。

やる気のない者は進歩が望めない

やる気がある
少しずつ進歩
いずれできるようになる
やる気がない
進歩しない
できるようにはならない

何といってもやる気だよやる気が一番
松田さんのおかげで何だかやる気がわいてきました
そうやる気さえあれば少しずつでも
進歩するものさ
でも松ちゃんはいつもやる気はあるんだけど
少しも進歩していないような…
えっそう?
自分では少しずつ進歩してるつもりだけど…

厳しい忠告は自分を磨く砥石 甘い言葉は毒

耳中、常に耳に逆《さから》うの言を聞き、心中、常に心に払《もと》るの事ありて、纔《わずか》に是れ徳に進み行を修むるの砥《し》石《せき》なり。若《も》し言々耳を悦ばし、事々心に快《こころよ》ければ、便《すなわ》ち此の生を把《と》って鴆毒《ちんどく》の中に埋在《まいざい》せん。

耳中常聞逆耳之言、心中常有払心之事、纔是進徳修行的砥石。若言言悦耳、事事快心、便把此生埋在鴆毒中矣。

（前集五）

訳

人間は、耳にはいつも聞きづらい忠言を聞き、心にはいつも思いどおりにならないことがあって、それらが徳に進ませ、行いを修めさせるための砥石《といし》となる。もし、どの言葉も耳を喜ばせ、物事すべてが心に満足するようであれば、自分の人生を猛毒の中に投げ沈めてしまっているようなものである。

厳しい忠告に耳を傾ける

耳が痛い忠告や思いどおりにならないことは、自己を向上させる役割を果たすもの、自分を磨く砥石のようなものだという。

ビジネスの現場で、厳しい忠告、指導を行う上司や先輩がいたら、それはありがたいことなのかもしれない。厳しい忠告や指導によって、仕事のスキルが向上し、技術などが磨かれていくからだ。逆に甘い言葉には注意をしたい。ぬるま湯の中にいては、自己を向上させることができないものだ。

甘い言葉に惑わされず、**厳しい忠告に積極的に耳を傾ける**ようにしたい。

冷静な目、耳、感情、心
つねに冷静に対処すること

冷《れい》眼《がん》にて人を観《み》、冷《れい》耳《じ》にて語を聴き、冷情にて感に当たり、冷心にて理を思う。

冷眼観人、冷耳聴語、冷情当感、冷心思理。（前集二〇三）

訳　冷静な目で人間を観察し、冷静な耳で人の言葉を聞き、冷静な感情で事物に触れて感じ、冷静な心で道理を考える。

つねに冷静に。難しいことかもしれませんが大事なことですよ

つねに冷静に

冷静な目で人を見る、冷静な耳で人の言葉を聞く、冷静な感情で事にあたる、冷静な心で道理を考えるのだという。

つねに冷静に対処せよということである。これは、ビジネスにおいても大切なことといえよう。なぜなら、状況に応じて的確な判断をくだしたり、その場にあわせて適切に対応したりするためには、つねに冷静でなければならないからだ。そのときの感情に左右されていては、判断を誤ることになり、対応も不適切になってしまうだろう。

「つねに冷静に」、胸に刻んでおきたい。

冷静な目、耳、感情、心

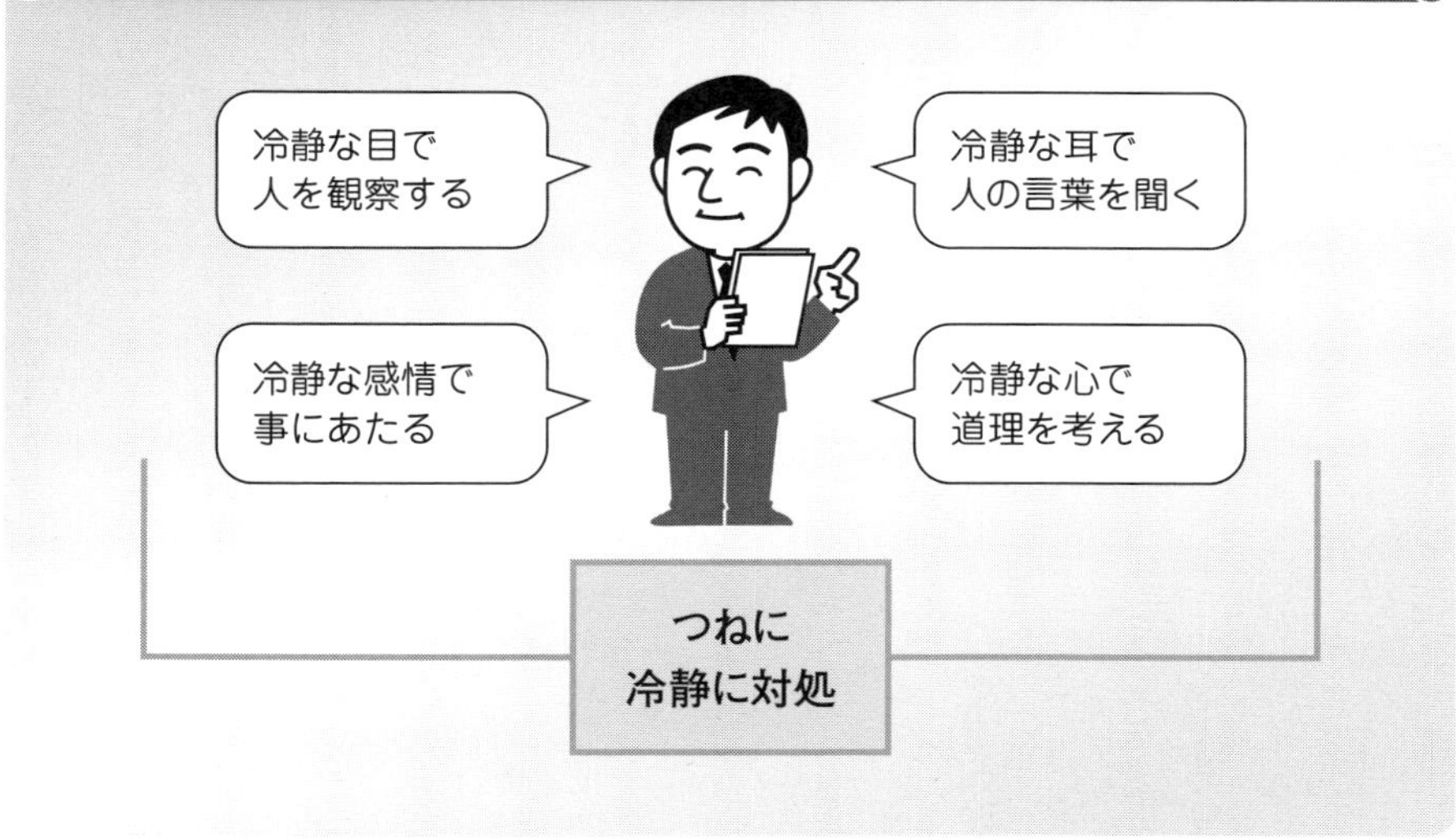
冷静な目で
人を観察する
冷静な耳で
人の言葉を聞く
冷静な感情で
事にあたる
冷静な心で
道理を考える
つねに
冷静に対処

うわーっ 困ったな…
どうしよう どうしよう マスター！
松ちゃん まずは冷静に！ あわてると 判断を誤るよ

行きすぎることの弊害「出る杭は打たれる」

爵《しゃく》位《い》は宜《よろ》しく太《はなは》だ盛んなるべからず、太だ盛んなれば則《すなわ》ち危し。能事は宜しく尽《ことごと》く畢《お》わるべからず、尽く畢われば則ち衰う。行誼《こうぎ》は宜しく過ぎて高かるべからず、過ぎて高ければ則ち謗《そしり》興りて毀《そしり》来たる。

爵位不宜太盛、太盛則危。能事不宜尽畢、尽畢則衰。行誼不宜過高、過高則謗興而毀来。

（前集一三七）

訳

地位は登りつめないほうがよい。あまり登りつめると、人にねたまれ危険である。才能は出しつくさないほうがよい。あまり出しつくすと、続かず下り坂になる。品行は上品すぎないほうがよい。あまり上品にしすぎると、そしられたり、けなされたりするようになる。

出る杭は打たれることも……

地位は登りつめると危険であり、才能は出しつくすと続かなくなる。行いも立派すぎると、非難、中傷されることになるという。何事も行きすぎたり、やりすぎたりすると、弊害が生じるということであろう。「**ほどほどに**」ということである。

努力して上を目指すことはよいことではある。ただ、地位が上に行けば行くほど、また手腕や才能を発揮すればするほど、うらみ、ねたみを買ったり、じゃまされたりする機会も多くなるだろう。「**出る杭は打たれる**」という言葉もあるが、そこを認識しておくことも必要なのだろう。

行きすぎたり、やりすぎたりすると

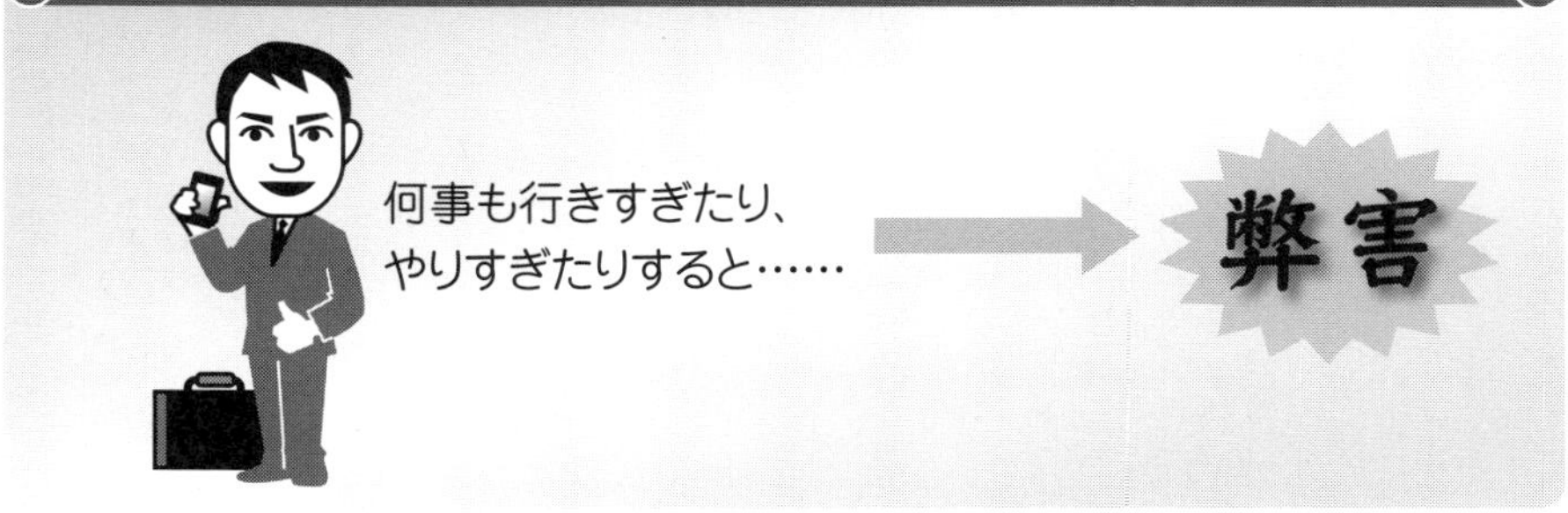
何事も行きすぎたり、
やりすぎたりすると……
弊害

ねえ マスター
あのさ…
ん?
どうした?
出る杭は打たれるって言うね
人間ほどほどがいいってことかなあ…
人のねたみは買いたくないもんね

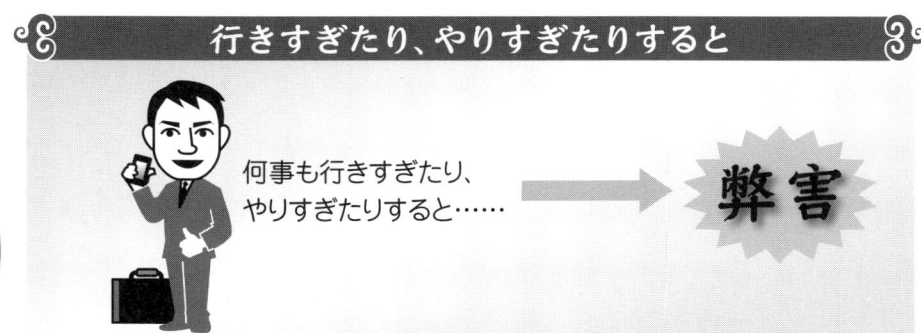

見放されるよりも叱責されるほうがよい

寧《むし》ろ小人《しょうじん》の忌毀《きき》するところと為《な》るも、小人の媚悦《びえつ》するところと為ることなかれ。寧ろ君子の責修するところと為るも、君子の包容するところと為ることなかれ。

寧為小人所忌毀、毋為小人所媚悦。
寧為君子所責修、毋為君子所包容。
（前集一八九）

訳 小人（つまらない者）に、憎まれてもよいが、こびへつらわれるようであってはならない。君子に、厳しく責められてもよいが、見放され寛大に扱われるようであってはならない。

立派な人物からは厳しくされたほうがいいんですよ

上司からは厳しく叱責されるほうがよい

つまらない人物からは、こびへつらわれるよりも、憎まれるほうがましであり、立派な人物からは、見放されるよりも、**厳しく叱責されるほうがよい**のだという。

仕事上も、立派な上司からは、厳しく叱責されるほうがよい。厳しくされるというのは、それだけ見込みがあるということだ。叱責によって、欠点が改善され、自己の向上にもつながるのだ。逆に、見放されて、寛大な扱いを受けてしまうと、そこでおしまいである。見放されないように注意したい。

なお、つまらない人物にこびへつらわれ、おだてに乗ってはならないことはいうまでもない。

つまらない人物からは……、立派な人物からは……

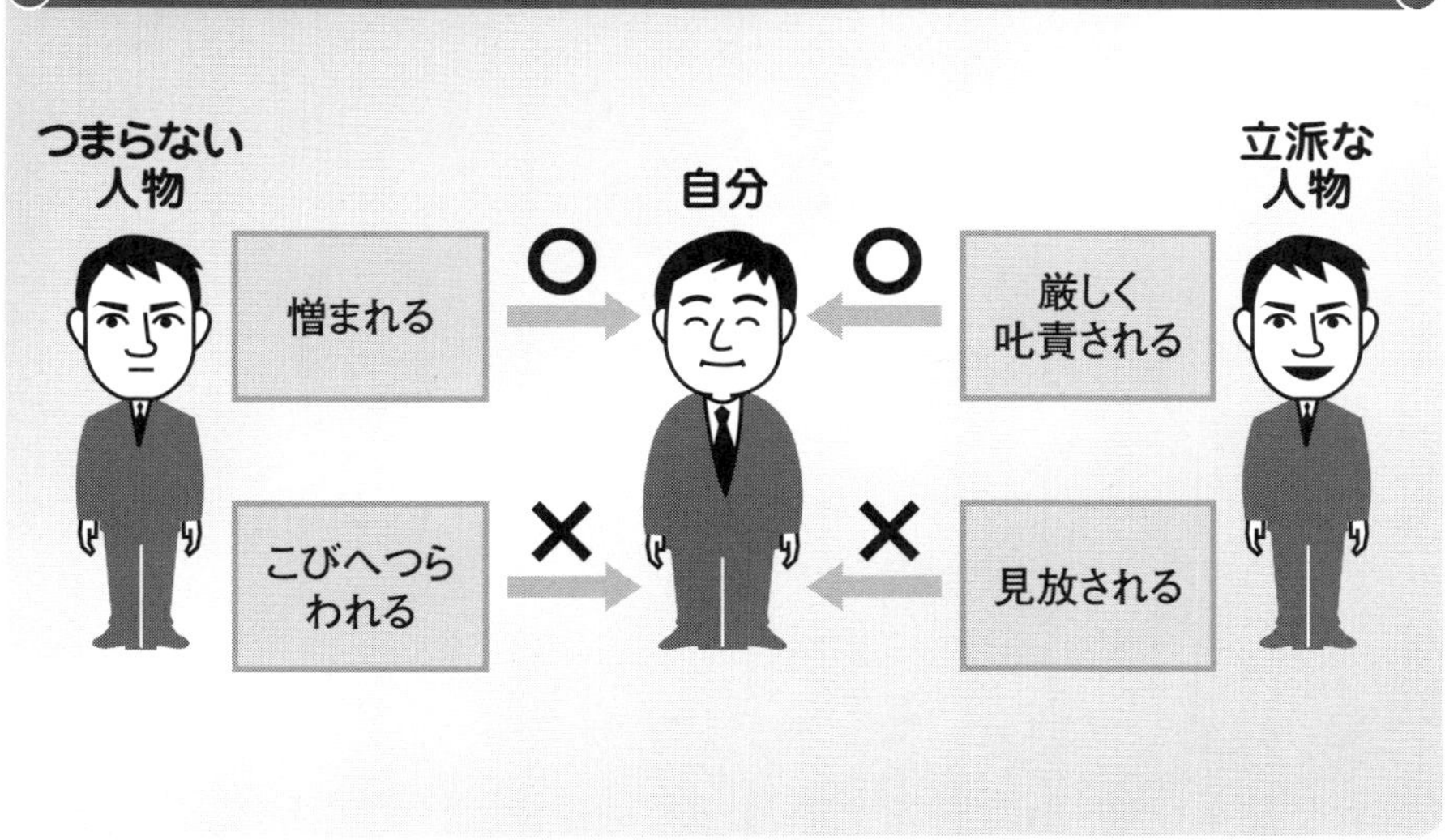

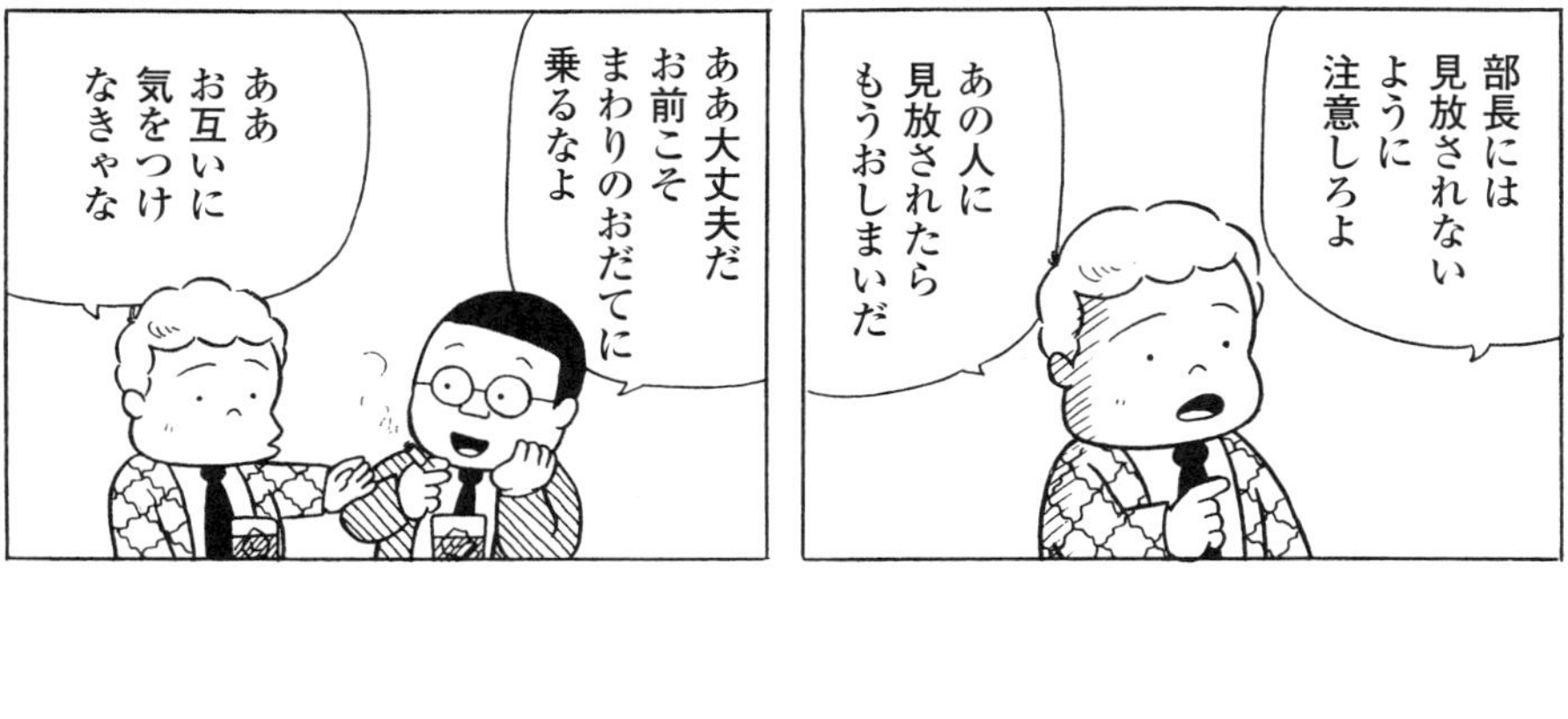

社会人としてのあり方　心がけたい四カ条

寵利《ちょうり》は人前《じんぜん》に居ることなかれ、徳業は人後に落つることなかれ。受享《じゅきょう》は分外に踰《こ》ゆることなかれ、修為《しゅうい》は分中に減ずることなかれ。

寵利毋居人前、徳業毋落人後。受享毋踰分外、修為毋減分中。

（前集一六）

訳　人からの恩恵は控えめにして、他人より先に受け取ろうとしてはならない。しかし人のためになる徳行（徳の高い行い）は率先して行い、他人に遅れをとってはならない。人から物を受け取るときは、一定の限度を超えてはならない。しかし自分が修養するときは、分相応以上に努力しなければならない。

社会人としてのあり方

社会人たるものこうありたい、という四カ条である。

●**利益は、人より先に受け取ろうとしないこと**

●**よい行いは、人に遅れをとらないこと**

●**報酬は、限度を超えて受け取らないこと**

●**修養は、分相応以上の努力をすること**

この四つ、実践するのはそう簡単ではないが、社会人としてぜひ心がけていきたいものである。

この四つを日頃から心がけてみるといいですよ

社会人として心がけたい四カ条

利益を受けるときは、人より先に受け取らない

人のためになる行いは、他人に遅れない

報酬は、相応以上に受け取らない

自分を高めることには、分相応以上に努力する

おっ 村上クン 社会人の四カ条 心がけてるか?
えっと… 四カ条って 何でした?
カクッ

楽もあれば苦もある
一喜一憂しないこと

一の楽境界《きょうがい》あれば、就《すなわ》ち一の不楽的の相対待《たいたい》するあり。一の好光景あれば、就ち一の不好的の相乗除《じょうじょ》するあり。只《た》だ是《こ》れ尋常の家飯、素位の風光のみ、纔《わずか》に是れ個の安楽的の窩巣《かそう》なり。

有一楽境界、就有一不楽的相対待。有一好光景、就有一不好的相乗除。只是尋常家飯、素位風光、纔是個安楽的窩巣。

（後集六〇）

訳 一つの楽しいことがあれば、それに対して一つの楽しくないことが向かい合っている。一つのよいことがあると、その次に一つのよくないことが続いて、差し引いてしまうものである。ただ、ありふれた食事を楽しみ、何でもない境遇にいて、それでこそ安楽な住居というものである。

楽や苦があっても……

楽しいことがあれば、すぐに楽しくないことがやってくる。うまくいったかと思えば、すぐにうまくいかなくなり、差し引かれてしまうものだという。

人生、「**楽あれば苦あり**」。楽があっても苦があっても、それに一喜一憂しないこと、平凡な生活がもっとも楽しいものだということなのだろう。仕事においても、うまくいくこともあれば、壁にぶつかることもある。うまくいったからといって喜び浮かれてはならず、壁にぶつかったからといって落ち込んではいけない。**一喜一憂せずに、淡々と仕事を進めていく**姿勢も必要なのだろう。

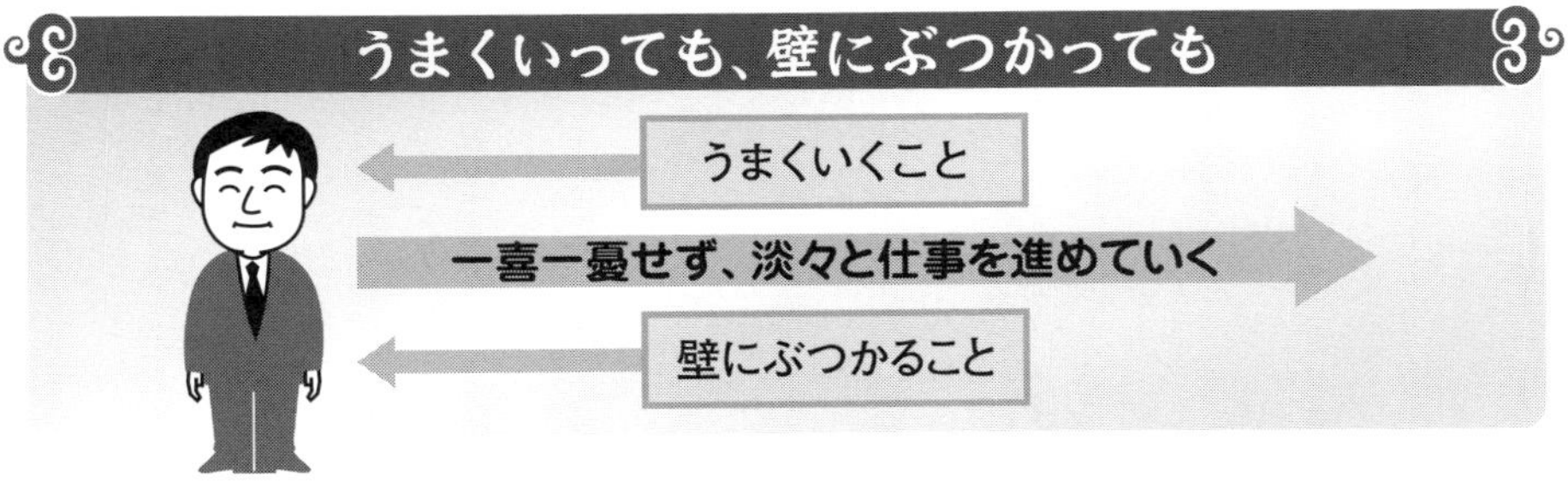

競争社会の中
競争から一歩距離を置く

我、栄を希《ねが》わずんば、何ぞ利禄の香餌《こうじ》を憂えんや。我、進むを競《きそ》わずんば、何ぞ仕官の危機を畏《おそ》れんや。

我不希栄、何憂乎利禄之香餌。我不競進、何畏乎仕官之危機。

（後集四四）

訳 われに栄達を望む欲望がなければ、どうして利益や高禄の甘いえさにつられるような心配があろうか。また、われに出世を他人と競う気持ちがなければ、どうして宮仕えの危険に陥ることを恐れようか。

競争から一歩距離を置いてみる

出世を望まなければ、利益や高い地位の誘惑に惑わされる恐れはない。他人を押しのけてまで出世しようという気持ちがなければ、組織の中で危険に陥ることはないという。

現代は競争社会だが、他人を押しのけてまで競争に勝とうとしても、得るものは少なく、逆にリスクのほうが大きいのかもしれない。ときには、**競争から一歩距離を置き**、自分の立場や状況を考えてみる姿勢も必要だろう。かといって、社会人として、出世は望まず、一切競争をしないという態度でよいかというと、そこは難しいところだが。

他人を押しのけてまで勝とうとせず、一歩距離を置く

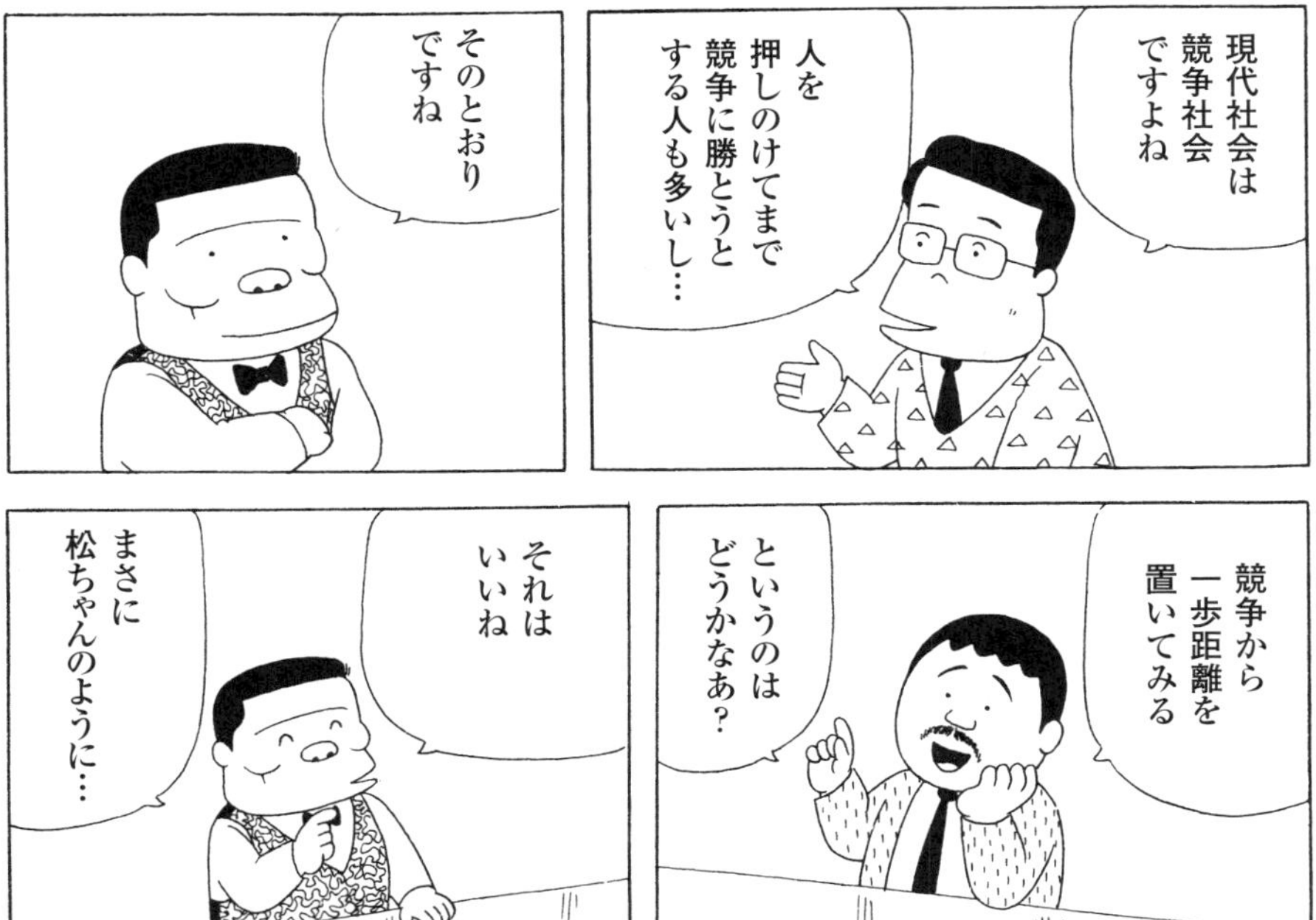

名声を誇るよりも名声から逃れること

「名を矜《ほこ》るは、名を逃るるの趣《おもむき》あるに若《し》かず。事を練《ね》るは、何ぞ事を省くの間《かん》なるに如《し》かん」

（後集三二）

訳

名声を世に誇るのは、名声から逃れることの奥ゆかしさ（味わいのある心のあり方）にはおよばない。また、物事に練達になるよりは、できるだけ余計なことを減らすほうが、はるかに大きな心の余裕ができる。

第2章

世渡りの術《すべ》

社会をどう生き抜いていくか?

賢く、そしてしたたかな世渡りの秘訣

巧《こう》を拙《せつ》に蔵し、晦《かい》を用《もっ》てして而《しか》も明《めい》にし、清を濁に寓し、屈を以て伸《しん》となす。真に世を渉《わた》るの一壺《こ》にして、身を蔵するの三窟《くつ》なり。

蔵巧於拙、用晦而明、寓清於濁、以屈為伸。真渉世之一壺、蔵身之三窟也。

（前集一一六）

訳

すぐれた才能を内にかくして無能をよそおい、すぐれた知恵を見せぬようにしながらも明察であり、清廉《せいれん》を保ちつつも俗流に身をまかせ、身をかがめているのはやがて身を伸ばそうとするためである。このような態度が、本当に世間の海を渡る浮き袋となり、わが身を安全にかくすための穴となるといえる。

厳しい社会を渡っていくための秘訣

才能があっても内に秘めて、それを見せない。明察であっても、知恵を見せない。俗世間に身を置きながら清廉を保ち、身を屈して将来の飛躍に備える。こういった身の処し方が、世間の荒波を渡るための浮き袋となり、危険なときに身をかくす穴になるという。

世間や周囲には実体が悟られないようにする、賢く、したたかな処世の態度である。こうした身の処し方によって、厳しい現実社会をうまく渡っていくことができるのだろう。現代社会を生き抜いていくうえでも、世渡りの秘訣《ひけつ》として大いに参考になるものといえよう。

賢く、したたかな処世の態度

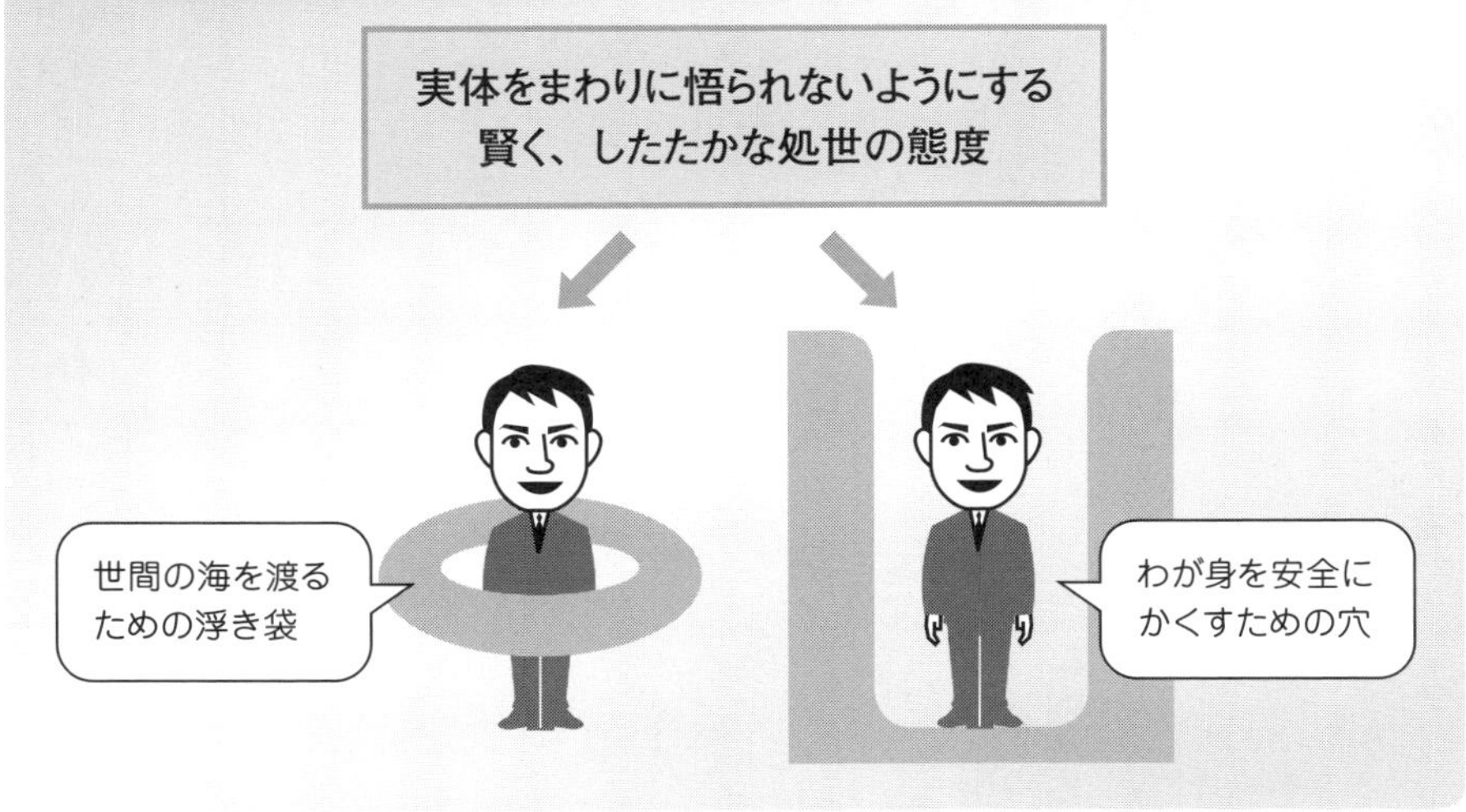
実体をまわりに悟られないようにする
賢く、したたかな処世の態度
世間の海を渡るための浮き袋
わが身を安全にかくすための穴

君は誤解しているよ あの人はすごいよ とてもできる人だ
そうですか…
実体が周囲に悟られない
それが賢くて そしてしたたかな身の処し方というもんだよ

きわめて大切な「耐」の一字

語に云う、「山に登りては側路に耐《た》え、雪を踏んでは危橋に耐う」と。一の耐《たい》の字、極《きわ》めて意味あり。傾険の人情、坎坷《かんか》の世道の如き、若《も》し一の耐の字を得て撑持《とうじ》し過ぎ去らざれば、幾何《いくばく》か榛莽坑塹《しんぼうこうざん》に堕入せざらんや。

語云、登山耐側路、踏雪耐危橋。一耐字、極有意味。如傾険之人情、坎坷之世道、若不得一耐字撑持過去、幾何不堕入榛莽坑塹哉。（前集一七九）

訳

語に「山に登ったならば、険しい坂道も耐えて進み、雪を踏んで行ったならば、危険な橋も耐えて進め」とある。この「耐」の一字がきわめて大切である。険しく危ない人情の道や、容易に進めない世の中の道で、この「耐」の一字を大事な支えとしなければならない。そうしなければ、どれだけ多くの人がやぶに迷い込み、穴の中に落ち込まずにいられようか。たいていの人は落ち込んでしまう。

ビジネス社会を生き抜くには「耐」の一字が不可欠

「耐える」という言葉がきわめて重要である。人情は険しく、人生の道は厳しい。だから「耐」の一字を支えとして生きていかなければならないのだという。

ビジネスの道も険しく、厳しい。つらい仕事や困難な状況に遭遇することは、だれにでもあるだろう。そんなときに、どうするか。投げ出したり、逃げ出したりしてよいものだろうか。やはり、耐えなければならないときには、耐えるべきなのである。厳しいビジネス社会を生き抜いていく**ビジネスパーソンにとって「耐」の一字は不可欠。**この一字を胸に刻んでおきたい。

「耐」
ビジネスパーソンに
不可欠な一字

耐えるべきときは耐える

耐えるべきときは
「耐」の一字を
もって耐える
耐
直面
つらく、
厳しい仕事

一歩譲ること これが世渡りの極意

径路の窄《せま》き処は、一歩を留めて人の行くに与え、滋味の濃《こま》やかなる的《もの》は、三分《さんぶ》を減じて人の嗜《たしな》むに譲る。これは是れ世を渉《わた》る一の極安楽の法なり。

径路窄処、留一歩与人行、滋味濃的、減三分譲人嗜。此是渉世一極安楽法。

（前集一三）

訳 狭い小道では、自分が一歩下がって、相手を先に行かせてやり、また、おいしい食べ物は、自分の分を三分ぐらい減らして、相手に食べさせてやる。このような心がけが、世を渡っていくうえでの一つのきわめて安楽な方法である。

ビジネス社会を渡るうえでの処世の極意

相手に道を譲る、相手に食べ物を譲る、これが世の中を渡っていくうえでの最良の術ということである。

ビジネス社会を渡っていくときにも、さまざまな人との出会いがあり、ときには立場や利害がぶつかることもある。そんなときには、相手と争うのではなく、一歩譲ってみてはどうだろうか。そうすれば、良好な人間関係を築くことができるだろうし、物事もスムーズに運ぶだろう。

「**一歩譲ること**」。

ビジネス社会を生きていくうえでの処世の極意といえよう。

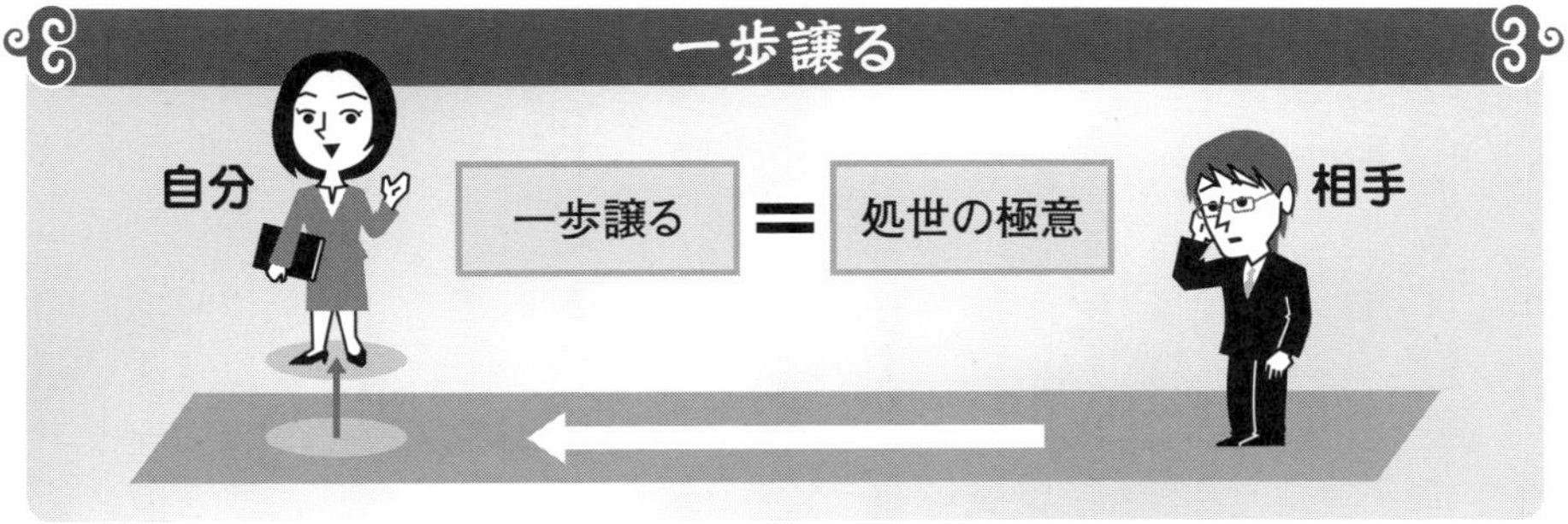
一歩譲る
自分
一歩譲る
＝
処世の極意
相手

平安寺の和尚さん
処世の極意ってどういうことですか
そうですね たとえば 狭い道を歩いていたとしましょう

歩いていて向こうから人がやってきたときは
一歩しりぞいて相手に道を譲るんです それが処世の極意というものです
なるほど…なんか深いですね

甘すぎず、からすぎず バランス感覚を身につける

清にしてよく容《い》るることあり、仁にしてよく断を善《よ》くし、明にして察を傷つけず、直にして矯に過ぎず。これを蜜餞《みつせん》甜《あま》からず、海味《かいみ》鹹《から》からずと謂《い》い、纔《わずか》に是れ懿徳《いとく》なり。

清能有容、仁能善断、明不傷察、直不過矯。是謂蜜餞不甜、海味不鹹、纔是懿徳。

（前集八三）

訳 清廉潔白であって、しかも包容力がある。思いやりがあって、しかも決断力を持っている。明察であるが、人のあら探しをしない。正直であるが、並はずれになることはない。このような人物は、砂糖漬けでも甘すぎず、海産物でも塩からすぎずといい、立派な徳を持つ人といえる。

一方に片寄らないバランス感覚を身につける

清廉潔白であり、一方で包容力がある。思いやりがあり、一方で決断力がある。はっきりと真相や事情を見抜くことができながら、人のあら探しをしない。正直・純粋ではあるが、行きすぎることがない。一方に片寄らず、ほどよい状態の人。一言でいえば、**バランスのとれた人物**といえよう。

　バランス感覚は、ビジネス社会を生きていくうえで、ぜひ身につけたいものである。そのためには、つねに一方に片寄らないことを意識したい。「**甘すぎず、からすぎず**」、こんな人物になることを目標の一つにしてみてはどうだろうか。

バランスのとれた人物
清廉潔白　思いやり
明察
正直・純粋
包容力　決断力
あら探ししない
行きすぎない
バランスがとれている
甘すぎず、からすぎず

甘すぎず からすぎず… そんな人間が 理想だね
お酒と同じだね

「能ある鷹は爪を隠す」才能はひけらかさない

君子の心事は、天青く日白く、人をして知らざらしむべからず。君子の才華《さいか》は、玉《たま》韞《つつ》み珠《たま》蔵《かく》し、人をして知り易《やす》からしむべからず。

君子之心事、天青日白、不可使人不知。君子之才華、玉韞珠蔵、不可使人易知。（前集三）

訳 君子の心のあり方は、青天白日のように公明正大であって、つねに人にわからないことがないようにさせるべきである。しかし、君子の才能のすぐれたところは、珠玉のように大切に包みかくして、つねに人に知られやすいようにしてはならない。

才能は秘めておく

「能ある鷹《たか》は爪を隠す」、才能のある者は、むやみにそれを誇示することはしないというたとえだが、この教えも、才能は秘めておき、外にはわからないようにするべきとしている。

才能はアピールしたほうがよいという考え方もある。ときには表に出すことも必要だろう。だが、**むやみに才能を誇示するのはやめておいたほうが無難**であろう。ましてや才能をひけらかしたり、能力を鼻にかけたりするような行いは控えるべきである。才能をひけらかしたりすれば、そのぶん、敵が増えるというものだ。処世の知恵の一つとしておきたい。

才能をひけらかさない

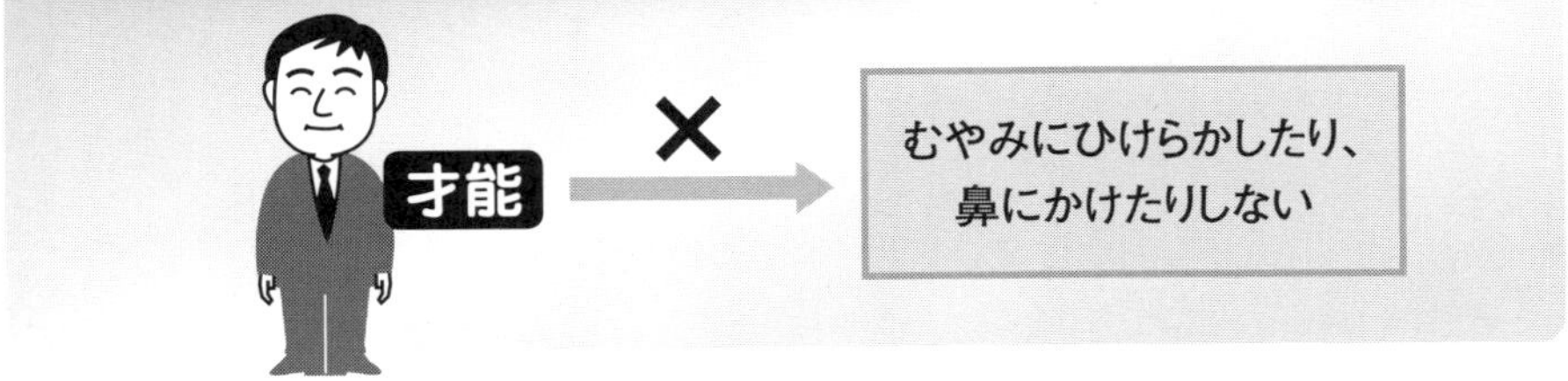
才能
×
むやみにひけらかしたり、
鼻にかけたりしない

自分で言うのもなんですが営業力には自信があります
営業部のトップを目指してがんばります！
「能ある鷹は爪を隠す」
えっ
君の営業の力は認めるがあまり能力をひけらかさないほうがいいそのぶん敵が多くなるというもんだ

「水清ければ魚棲まず」あまり潔癖すぎないこと

地の穢《けが》れたるものは多く物を生じ、水の清《す》めるものは常に魚なし。故に君子は、当《まさ》に垢《こう》を含み汚《お》を納《い》るるの量を存すべく、潔を好み独り行なうの操《そう》を持すべからず。

地之穢者多生物、水之清者常無魚。故君子、当存含垢納汚之量、不可持好潔独行之操。

（前集七六）

訳

汚い（雑物を含む）土地には多くの作物ができ、澄みすぎる水にはいつも魚がいない。だから君子というものは、世俗の垢《あか》や汚れを受け入れるだけの広い度量を持つべきであり、潔癖すぎて独りよがりになってはならない。

潔癖すぎない

「水清ければ魚棲《うおす》まず」。

あまりにも清らかな水の中には、魚は棲まない。人間も人格が清廉すぎると人に親しまれないということである。たしかに、潔癖すぎる人間には近づきにくいものだ。だからといって、汚れればよいというわけではない。さまざまなものを受け入れることができる広い度量を持つということだ。

「あまり潔癖すぎず……」程度の姿勢でいたほうが、ビジネス社会もうまく渡っていけるのではないだろうか。そういった意味で、これも処世の心得の一つといえよう。

水清ければ魚棲まず

あまりに清らか

あまりに
清らかな水
魚が
棲まない
あまりに
潔癖な人
人が
寄りつかない

逆境に身を置くと自分が磨かれる 順境のときは気持ちを引き締める

逆境の中に居《お》らば、周身、皆鍼《しん》砭《べん》薬石にして、節を砥《と》ぎ行《こう》を礪《みが》きて、而《しか》も覚《さと》らず。順境の内《うち》に処《お》らば、満前、尽《ことごと》く兵刃戈矛《へいじんかぼう》にして、膏《あぶら》を銷《とか》し骨を靡《び》して、而も知らず。

居逆境中、周身皆鍼砭薬石、砥節礪行、而不覚。処順境内、満前尽兵刃戈矛、銷膏靡骨、而不知。

（前集九九）

訳 人間、逆境にいるときは、身のまわりのものすべてが良薬（鍼《はり》や薬）となり、節操や行動が磨かれているのに、自分ではそのことがわからない。順境にいるときは、目の前のものすべてが武器（刀や矛《ほこ》）となり、骨身が削られているのに、自分ではそのことに気づかない。

逆境で自己を鍛錬

逆境でこそ自分が磨かれるということだ。苦しく厳しい状況にあれば、その状況に耐える忍耐力が養われ、そこから脱出しようと努力する。だから逆境を体験し、その中からはい上がってきた人物は強い。人間だれしも困難な局面に遭遇するが、そんなときには落ち込まず、前向きに考えよう。**逆境に身を置くことによって、自己を鍛錬できる**のだから。

逆に、順境のときこそ注意しよう。物事がうまく進んでいくとそれが当たり前になり、堕落《だらく》へとつながりやすいからだ。順風満帆《じゅんぷうまんぱん》のときには、うまくいっていると調子に乗らず、いっそう気持ちを引き締めるべきだろう。

逆境のときと順境のとき
逆境のとき
自分が磨かれる
順境のとき
気持ちを引き締める

物事が都合よく運んでいるときは気を引き締めること
そして苦労の多い逆境のときには自分が磨かれていると考えることが大事ですよ

世間に振りまわされない自分の身、心のあり方

此の身、常に閒《かん》処《しょ》に放在せば、栄辱得失も、誰か能《よ》く我を差遣せん。此の心、常に静中に安在せば、是非利害も、誰か能く我を瞞《まん》昧《まい》せん。

此身常放在閒処、栄辱得失、誰能差遣我。此心常安在静中、是非利害、誰能瞞昧我。

（後集四二）

訳　わが身をつねにゆったりと余裕のある立場にしておけば、世間の栄辱《えいじょく》（誉れと辱《はずかし》め）や損得によって、だれが私の身を追いやることができようか。わが心をつねに静かな境地に落ち着かせておけば、世間の是非や利害をもって、だれが私の心をだますことができようか。

自分の身、自分の心の置き方しだい

わが身をつねに余裕のある状態、わが心をつねに静かな境地に置けば、世間に振りまわされたり、惑わされたりすることがないという。

仕事や日常の生活において、周囲に振りまわされたりすることはないだろうか。もしあるとすれば、それは自分の状態がしっかりとしていないからかもしれない。つまり、自分の身、自分の心の置き方しだいということである。「**いつもゆったりとして静かで落ち着いた境地**」であれば、まわりに振りまわされることもないだろう。現実社会でこれを実践することは、そう簡単なことではないが、そこを目指してみたいものだ。

静かで落ち着いた境地

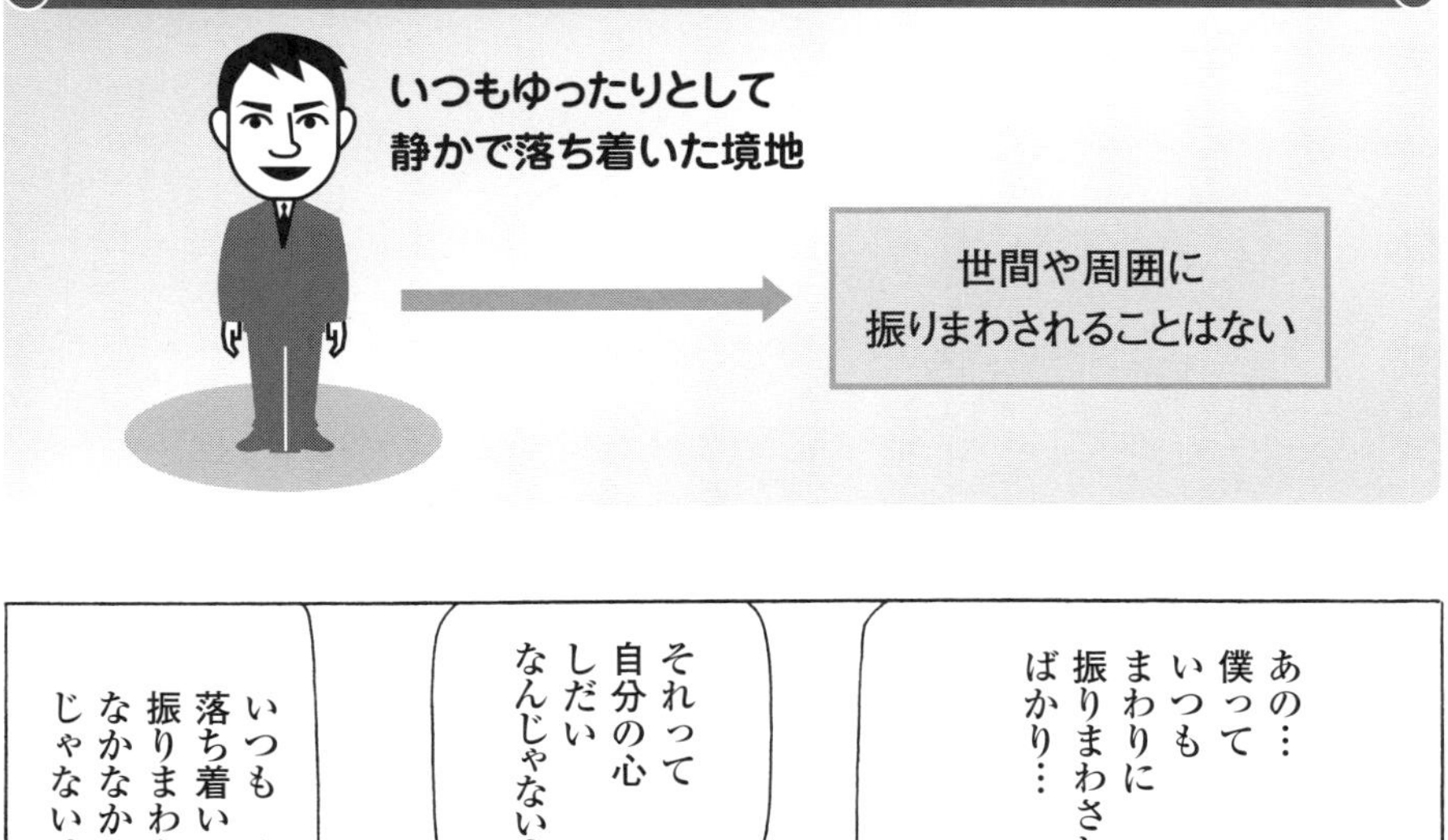
いつもゆったりとして
静かで落ち着いた境地
世間や周囲に
振りまわされることはない

あの…僕っていつもまわりに振りまわされてばかり…
それって自分の心しだいなんじゃない?
いつも ゆったりと落ち着いていれば振りまわされないさ…なかなかできることじゃないけどね

人生は短い　無駄に過ごしてしまうことを恐れる

天地には万古あるも、此の身は再《ふたた》び得られず。人生は只《た》だ百年のみ、此の日最《もっと》も過ぎ易《やす》し。幸いにその間に生まるる者は、有生の楽しみを知らざるべからず、また虚生の憂いを懐《いだ》かざるべからず。

天地有万古、此身不再得。人生只百年、此日最易過。幸生其間者、不可不知有生之楽、亦不可不懐虚生之憂。

（前集一〇七）

訳

天地は永遠のものであるが、この身は二度と生まれてはこない。人生はせいぜい百年にすぎないのに、月日がたつのは早い。幸い天地の間に生まれてきたからには、人間として生まれてきた楽しみを知らなければならないし、またこの人生をむなしく（無駄に）過ごしてしまうのではないかという恐れを持たなければならない。

人生は短い、だから一日一日を大切に生きる

人生は一度しかない。そして短い。生まれてきた楽しみを知り、また、人生をむなしく無駄に過ごすことへの恐れを抱けというものだ。

「人生は短い」。古来よりいわれ続けてきたことである。「光陰矢のごとし」というが、月日のたつのは早いものだ。だが、あらためて「人生は短い」と意識する機会はそう多くはないだろう。

　無駄に過ごすことを恐れるとは、つまり、**一日一日を大切に生き、日々を充実させる**ことが大事、ということではないだろうか。短い人生、日々を無駄に過ごさないようにしたい。

人生は短いから

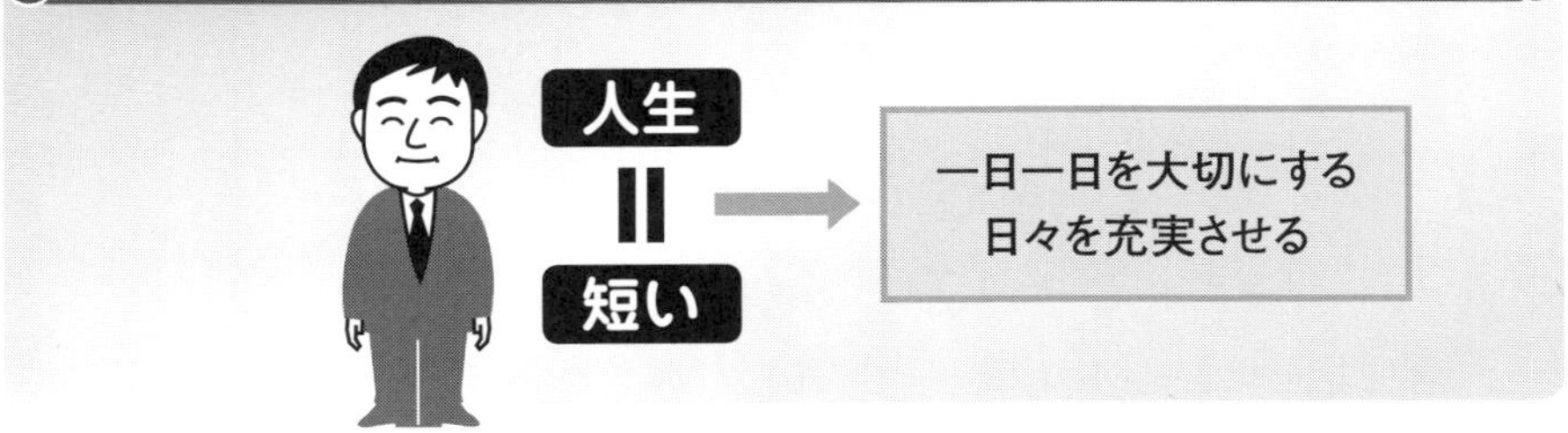
人生
＝
短い
一日一日を大切にする
日々を充実させる

人生は短い
だから一日一日を
大切に…か
よし　今日も
レモン・ハート
行こうっと

牛と言われようと、馬と言われようと腹が立たない境地

世《せい》味《み》を飽き諳《そら》んずれば、覆《ふく》雨《う》翻《はん》雲《うん》に一任して、総《すべ》て眼を開くに慵《ものう》し。人情を会《え》し尽くせば、牛と呼び馬と喚《よ》ぶに随教して、只《た》だ是れ点頭するのみ。

飽諳世味、一任覆雨翻雲、総慵開眼。会尽人情、随教呼牛喚馬、只是点頭。

（後集八一）

訳

世間の甘さ、つらさを味わいつくしてしまえば、あるときは雨、あるときは曇りというように変化する人情にも無関心になって、まったく目を開いて見るのでさえ面倒になる。また、人情をすっかり知りつくしてしまえば、牛と言われようと馬と言われようと、勝手に言わせておいて腹も立てず、ただ、はいはいとうなずいているだけである。

人の心を知りつくすことができれば……

世間の酸《す》いも甘いも知りつくしてしまえば、人の心の変化も気にならない。人の心を知りつくしてしまえば、牛と言われようが、馬と言われようが腹が立たず、はいはいとうなずいているだけなのだという。

人の心、人の情を知りつくすことができれば、人から何を言われても腹が立たないのだろう。そうなれば、くだらないことで人と争わなくてすむようになるはずだ。ただし、人の心を知りつくし、このレベルに達するのはきわめて困難なことではある。だが、ぜひ目指してみたい境地といえよう。

牛と言われても、馬と言われても

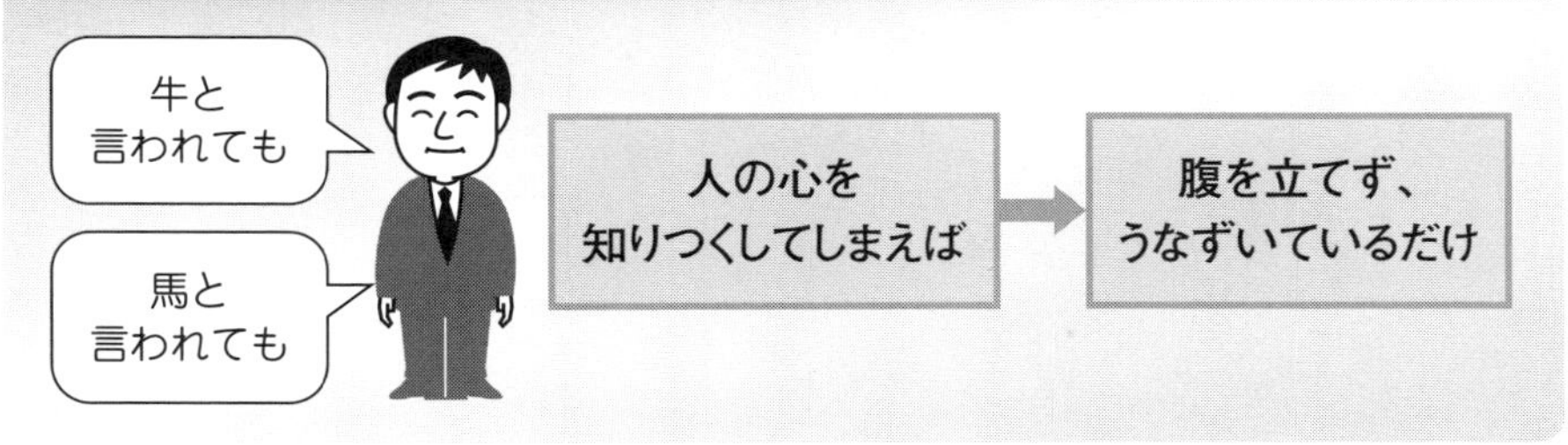
牛と言われても
馬と言われても
人の心を知りつくしてしまえば
腹を立てず、うなずいているだけ

僕は牛と言われても馬と言われても腹を立てません
人の心というものを知りつくしているからです
ほ〜 そうかい じゃ ゴリラ!
な 何〜
オレがゴリラだと〜!
松ちゃんやはりまだまだだね

大器晩成

最近 仕事に あせりを 感じていて…
大器晩成って 言葉もあるし 成功をあせることは ないですよ
そのうち きっと うまくいく ように なります
「早秀は晩成に 如かざる ことや」
早熟は 晩成には およばない もんだよ
えっ…
ただ 晩成といっても 限度はあるがね
寿命が あるから そう のんびり しても いられない
はあ～

「桃李《とうり》は艶《えん》なりと雖《いえど》も、何ぞ松蒼《しょうそう》柏翠《はくすい》の堅貞なるに如《し》かん。梨杏《りきょう》は甘しと雖も、何ぞ橙黄橘緑《とうこうきつりょく》の馨冽《けいれつ》なるに如かん。信《まこと》なるかな、濃夭《のうよう》は淡久に及ばず、早秀は晩成に如かざることや」

（前集二二二）

訳

桃や李《すもも》の花はあでやかで美しいが、松や柏が四季を通じて青々として変わらないのにはおよばない。梨や杏の実は甘くておいしいが、黄色い橙《だいだい》や緑のみかんのさわやかな香りにはおよばない。はなやかで短命なものは、あっさりとして長く続くものにはおよばないし、早く実るもの（早熟）は遅く実るもの（晩成）におよばない。

第3章

人とのかかわり

人と、どうつき合い、かかわっていくべきか？

受けた恩は忘れず 与えた恩は忘れてしまう

我、人に功あらば念《おも》うべからず、而《しか》して過《あやまち》は則《すなわ》ち念わざるべからず。人、我に恩あらば忘るべからず、而して怨《うらみ》は則ち忘れざるべからず。

我有功於人不可念、而過則不可不念。人有恩於我不可忘、而怨則不可不忘。

（前集五一）

訳

自分が人に対して恩恵を施したとしても、そのことを心に留めておいてはいけない。しかし、人に迷惑をかけたならば、そのことを忘れてはならない。また、人が自分に対して恩恵を与えてくれたならば、そのことを忘れてはならない。しかし、人に対するうらみは、忘れ去るようにしなければならない。

良好な人間関係を構築するためには……

日常生活やビジネスにおいて、他人に与えた恩は覚えているが、他人から受けた恩は忘れてしまいがちではないだろうか。だが、そうであってはならないのだ。

「受けた恩は忘れず、与えた恩は忘れてしまう。迷惑をかけたことは忘れず、うらみは忘れてしまう」。

これが、世の中をうまく渡っていくための処世の心がまえである。そして、日々こういう姿勢でいれば、良好な人間関係を構築できるだろう。人とのかかわりの中で、ぜひ心がけていきたい教えである。

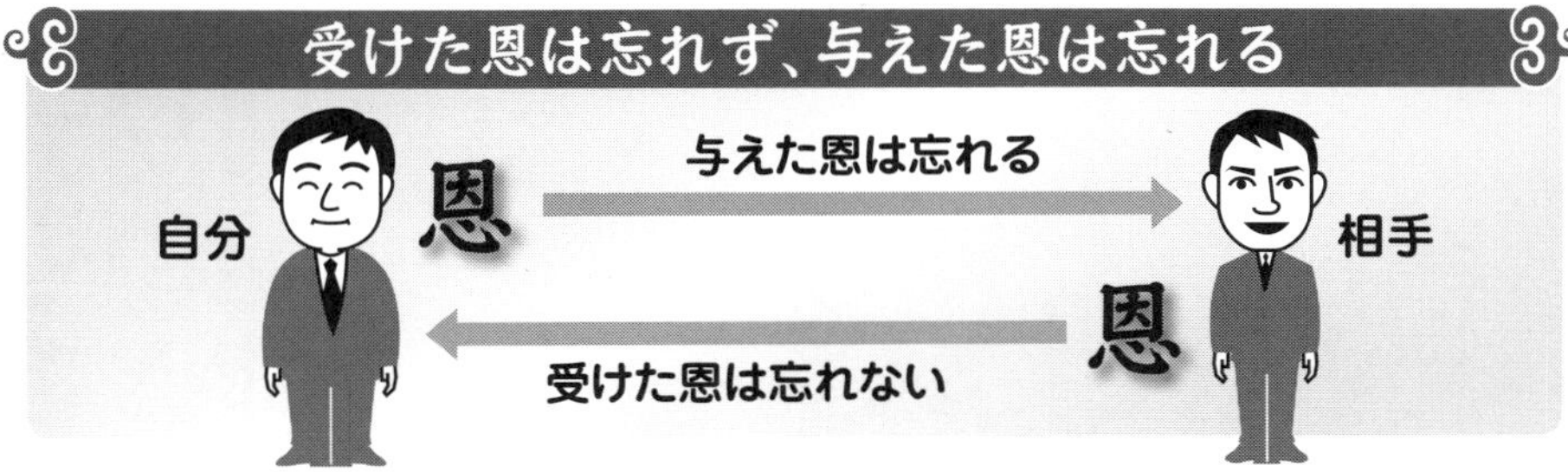
受けた恩は忘れず、与えた恩は忘れる
自分
恩
与えた恩は忘れる
相手
恩
受けた恩は忘れない

受けた恩は忘れず
与えた恩は忘れるか
良好な
人間関係を
築くための
心がまえ
だね
心がけたい
ねえ

そういえば
メガネさん
半年前に
僕が一杯
おごりましたよね
この人は
与えた恩しか
覚えていない…

人との接し方のコツ「やんわりと」

人の短処は、曲《つぶさ》に弥縫《びほう》を為《な》すを要す。如《も》し暴《あら》わしてこれを揚《あ》ぐれば、是れ短を以て短を攻むるなり。人の頑《がん》ある的《もの》は、善く化誨《かかい》を為すを要す。如し忿《いか》りてこれを疾《にく》まば、是れ頑を以て頑を済《な》すなり。

人之短処、要曲為弥縫。如暴而揚之、是以短攻短。人有頑的、要善為化誨。如忿而疾之、是以頑済頑。

（前集一二一）

訳

人の短所は、うまいぐあいにとりつくろってやる必要がある。もしそれをあばきたてようとすると、それは自分の短所で人の短所を責めるもので、とても改めさせることはできない。また、頑固な人には、じっくりと教えさとす必要がある。もしそれを怒って憎むと、自分の頑固で人の頑固をおし進めるようなもので、とても救うことはできない。

「やんわりと」接していく

職場で他人の短所・欠点に気づいた場合、どう対処するだろうか。それをずけずけと指摘すると、相手は反発し、悪いところを改めようとしなくなるだろう。さりげなく気づかせ、やんわりと自覚を促していくほうが、角も立たず、うまくいくのではないだろうか。

また、頑固な人に対して、こちらが強く出ると、相手はさらに頑《かたく》なになってしまうだろう。じっくりと、やわらかく、相手が納得するようにさとしていくべきである。相手の状況に応じて**「やんわりと」接していく**、これが人との接し方のコツといえるのかもしれない。

人の短所と頑固な人に対して

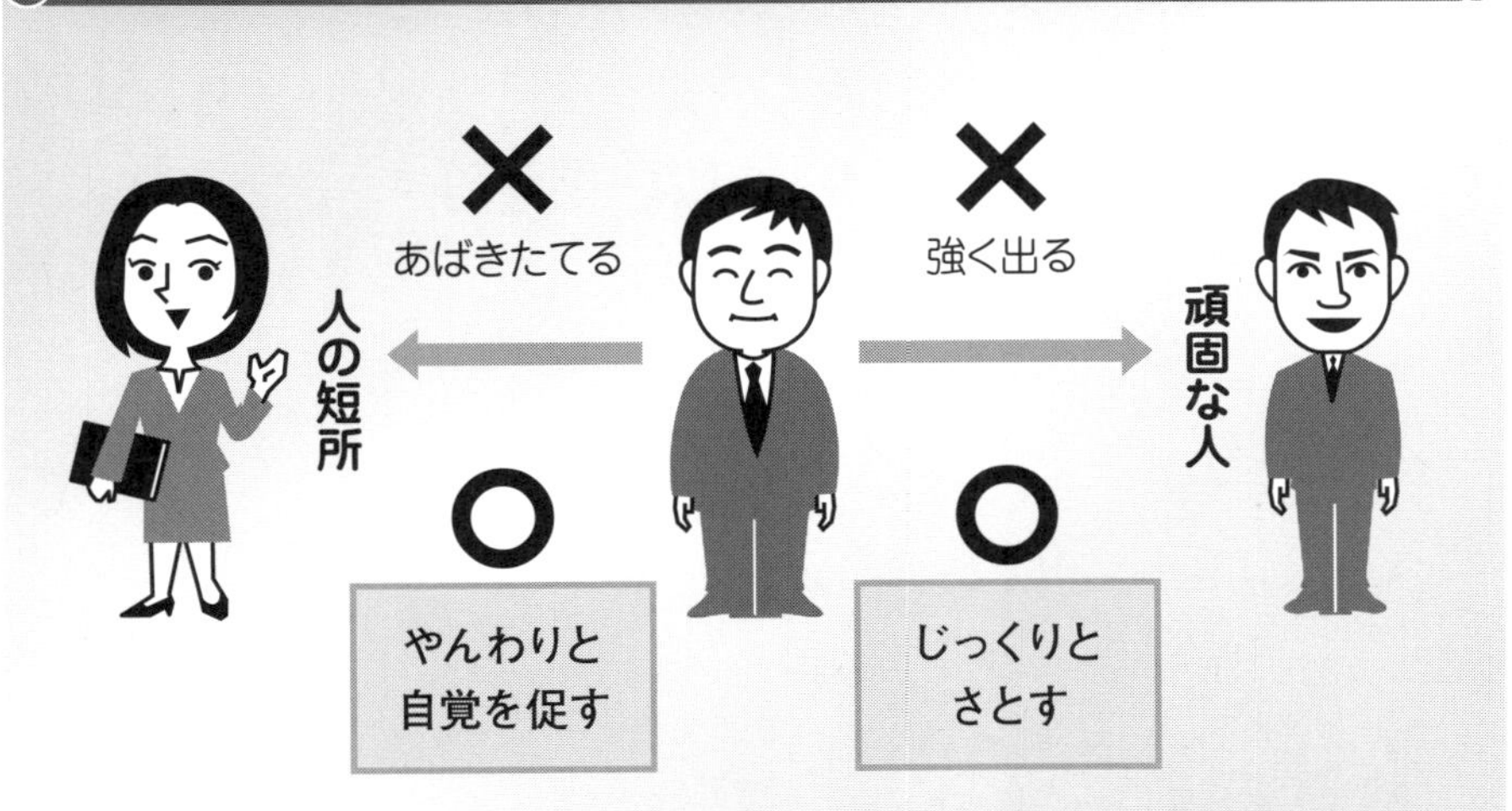
×
あばきたてる
人の短所
○
やんわりと
自覚を促す
×
強く出る
頑固な人
○
じっくりと
さとす

君！もっと主張したまえ！
そういう引っ込み思案なところがだめなんだ
えっ…
社長 そんな言い方はいけませんよ
もっとやんわりと「やんわりと」ですよ

人に対して譲ること、寛大にすること

世に処するに一歩を譲るを高しとなす、歩を退くるは即《すなわ》ち歩を進むるの張本なり。人を待つに一分《いちぶ》を寛《ひろ》くするはこれ福《さいわい》なり。人を利するは実に己《おのれ》を利するの根基なり。

処世譲一歩為高、退歩即進歩的張本。待人寛一分是福。利人実利己的根基。

（前集一七）

訳

この世の中を生きていくときには、人に一歩譲る心がけを持つことが大事である。自分から一歩退くことが、のちに一歩進めることにつながるのだ。対人関係では、厳しすぎないように、一分は寛大にする心がけを持つとよい。人のためにすることが、自分のためになる土台となる。

寛大さが自分のために

人に一歩譲ると、それがのちに一歩進めることにつながる。人に対して寛大にすると、人のためにしたそのことが、自分の利益になるという。

現代社会における対人関係でも同じことがいえよう。一歩譲ったり、寛大にしてあげたりすると、そうされた相手はどう思うだろうか。おそらく、相手はよくしてもらったと思い、感謝の念を抱くことになるだろう。そうすれば、その人との関係は良好となり、それがのちのち自分にとってプラスに働くことになるのだ。**譲ることと寛大にすること**、これも処世の心得の一つとしておきたい。

譲ることと寛大にすること

譲る
寛大にする
相手
自分
相手
自分のためになる
自分のためになる

あのう先日は
急いでいて靴を踏んづけたのにあやまってなくて…
もっと譲る気持ちが大切だった
悪いことしたごめんなさい
いやいや
オレのほうこそ踏んづけ返すなんて
申しわけなかった
ちょっとイライラしていて
寛大になれなかった

うかつに自分の本心を語ってはならない相手

沈々《ちんちん》不語の士に遇《あ》わば、且《しば》らく心を輸《いた》すこと莫《なか》れ。悻々《こうこう》自《みず》から好しとするの人を見れば、応《まさ》に須《すべか》らく口を防ぐべし。

遇沈沈不語之士、且莫輸心。見悻悻自好之人、応須防口。

（前集一二二）

訳　うす気味悪く落ち着いていて、ものを言わない人には、うっかり自分の本心を語ってはならない。怒りっぽくて自分だけが正しいと思い込んでいる人とは、なるべく話さないほうがよい。

本心を語らない、距離を保つ。そうしたほうがいい相手もいるのかもしれません

接する相手にあわせた対応をするべし

静かで口数少ない人には、本心を語ってはならず、怒りっぽくて人の話を聞かない人とは、うかつに話してはならないという。

「接する相手にあわせた対応をすること」といえるが、これも現代に通じることだ。うかつに本心を言わないほうがよい相手もいれば、一定の距離を保ちながらつき合ったほうがよい相手もいるだろう。そして、相手の態度が変化してくれれば、それにあわせた対応をしていけばよいのだ。これもまた、処世の知恵といえよう。ただし、まずは相手がどんな人物なのかを見極めることが大切、ということをつけ足しておきたい。

相手にあわせた対応

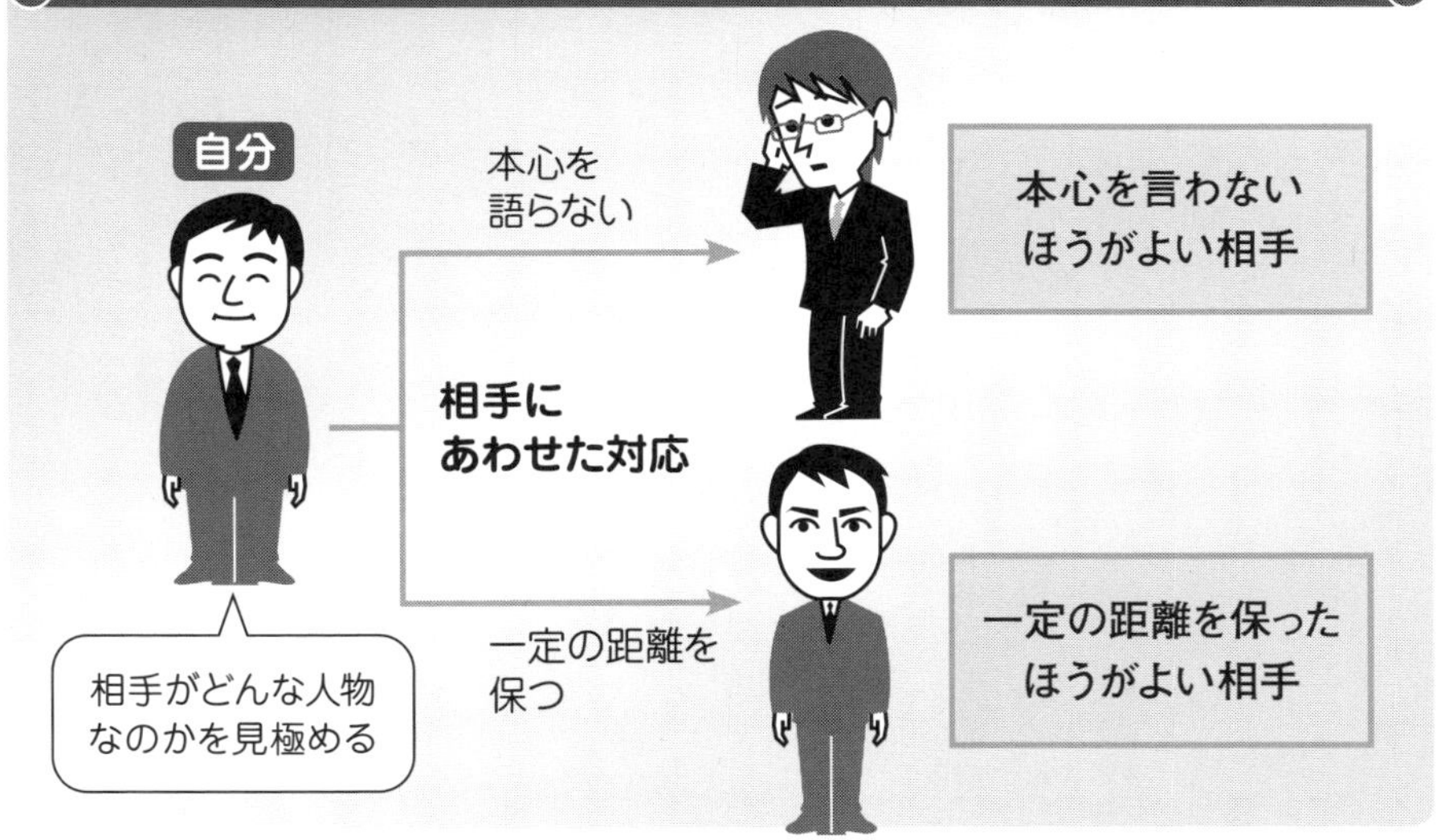
自分
本心を
語らない
本心を言わない
ほうがよい相手
相手に
あわせた対応
一定の距離を
保つ
一定の距離を保った
ほうがよい相手
相手がどんな人物
なのかを見極める

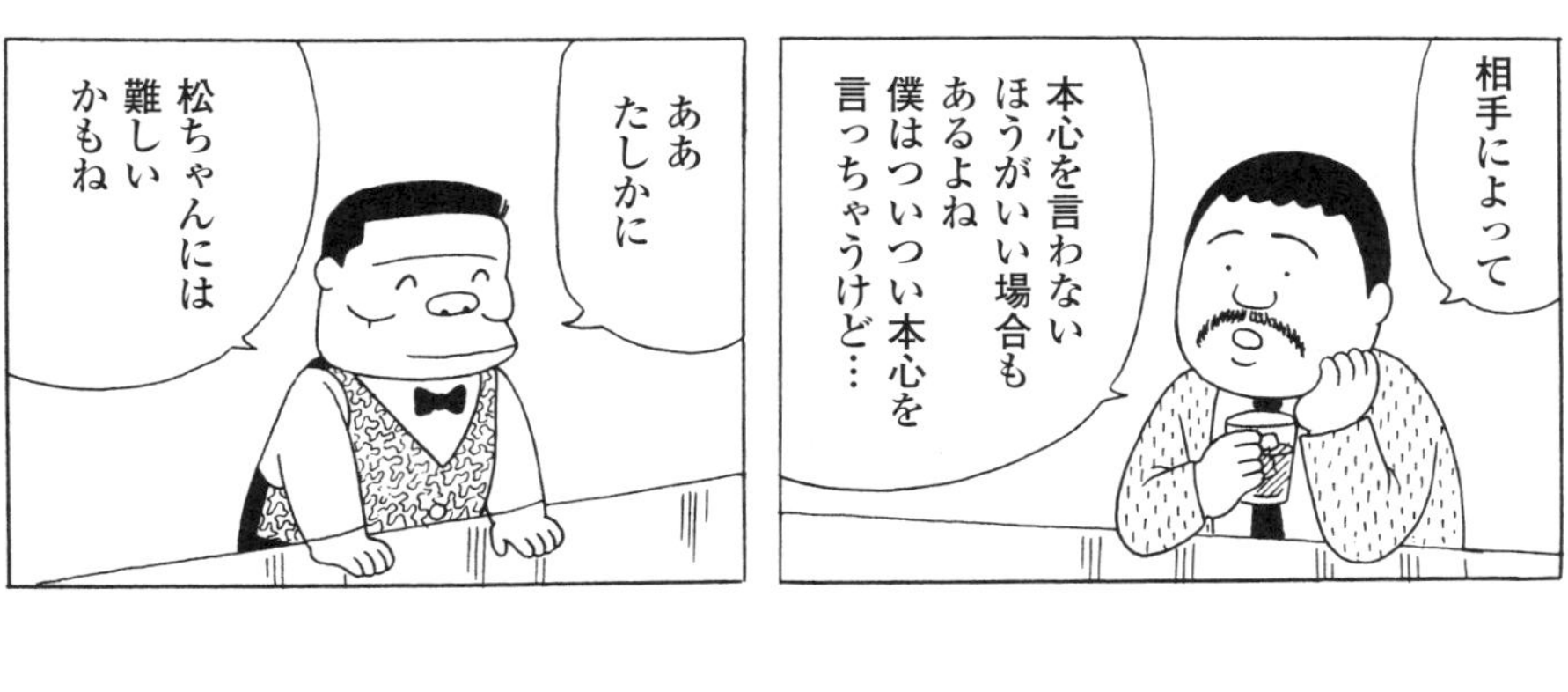
相手によって
本心を言わない
ほうがいい場合も
あるよね
僕はついつい本心を
言っちゃうけど…
ああ
たしかに
松ちゃんには
難しい
かもね

ちょっとした一言が人間関係を壊すことも

一念にして鬼神《きしん》の禁を犯し、一言にして天地の和を傷《やぶ》り、一事にして子孫の禍《か》を醸《かも》すものあり。最も宜《よろ》しく切に戒むべし。

有一念而犯鬼神之禁、一言而傷天地之和、一事而醸子孫之禍者。最宜切戒。

（前集一五二）

訳

ふとした出来心が神のおきてを犯し、ちょっとした一言が社会の平和を壊し、ささいなことが子孫にまでわざわいをおよぼすこともある。くれぐれも細心の注意をして行動すべきである。

不注意な一言。その一言が人間関係を壊すことになるかもしれません

言動にはくれぐれも注意をはらうこと

ちょっとしたことでも、それが原因で大きなわざわいとなることがある。言動には細心の注意をはらわなければならないという教えだ。

何気なく、ふともらした不注意な一言。自分にはそのつもりがなくても、その一言が、相手を不快にさせたり、傷つけたりしているかもしれない。それがもとで人間関係がくずれてしまうこともあるのだ。

言動には、くれぐれも注意をはらうこと。良好な人間関係を保つための基本である。肝に銘じておきたい。

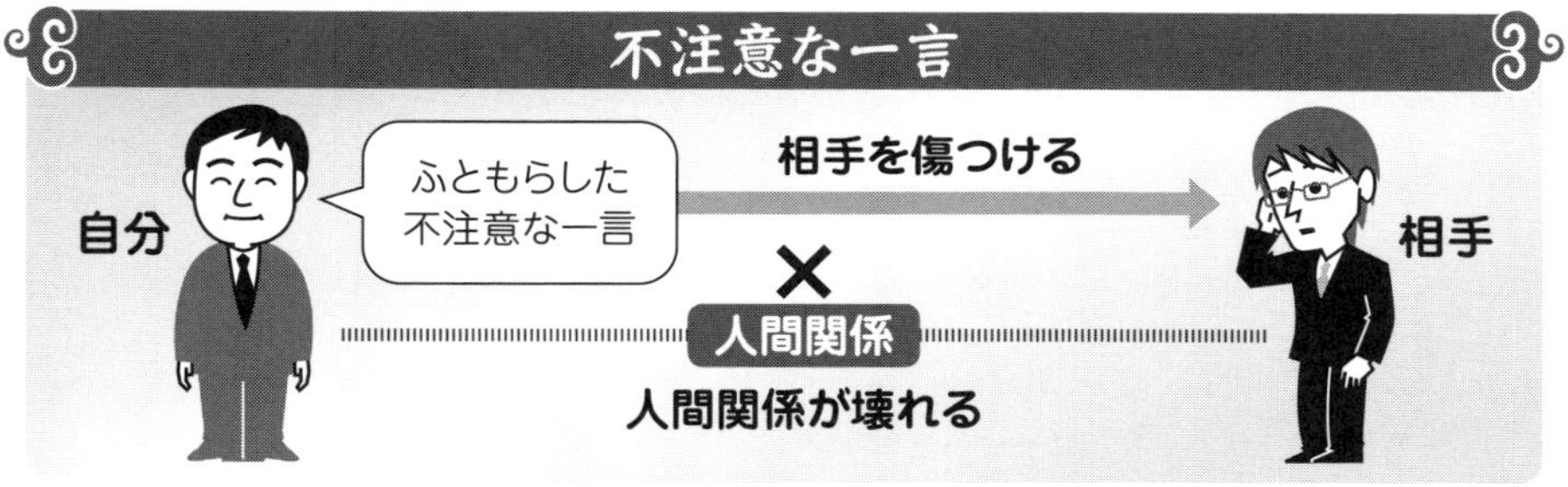

不注意な一言
自分
ふともらした不注意な一言
相手を傷つける
相手
人間関係
人間関係が壊れる

彼女 怒って帰っちゃった… 僕 なんか悪いことしたかな?
彼女に何か言わなかった?
えっ!
ん～ もしかして あのときの… あの一言が…
たった一言が人間関係をくずすことがあるからね

ほめるときも、非難するときも 用心深い姿勢で

善人、未《いま》だ急に親しむこと能《あた》わざれば、宜《よろ》しく預《あらか》じめ揚ぐべからず。恐らくは讒譖《ざんしん》の奸《かん》を来たさん。悪人、未だ軽《かるがる》しく去ること能わざれば、宜しく先ず発すべからず。恐らくは媒孽《ばいげつ》の禍を招かん。

善人未能急親、不宜預揚。恐来讒譖之奸。悪人未能軽去、不宜先発。恐招媒孽之禍。

（前集一三一）

訳

相手が善人であっても、まだ親しく交わるようになっていないときには、前もってほめるのはよくない。たぶん、悪口を言って間をさえぎるような悪い人が現れるであろうから。相手が悪人であっても、まだ簡単にしりぞけられるようになっていないときには、前もって口に出して非難するのはよくない。たぶん、罪をかもし出すような被害をもたらすであろうから。

相手との距離を考える

相手がよい人間であっても、まだ親しくなっていないうちは、うかつにほめてはいけない。相手が悪い人間であっても、まだ排除できないうちは、うかつに悪口を言ってはいけない。なぜなら、どちらもわざわいにつながるからだという。

このように、人に対する用心深い姿勢が自分の身を守ることにつながるのだろう。厳しいビジネス社会を生きていくには、このくらいの慎重な姿勢や配慮が必要なのかもしれない。ほめる場合も、非難する場合も**相手との距離を考える**。それが、わが身に降りかかる火の粉を減らすことになるのだ。

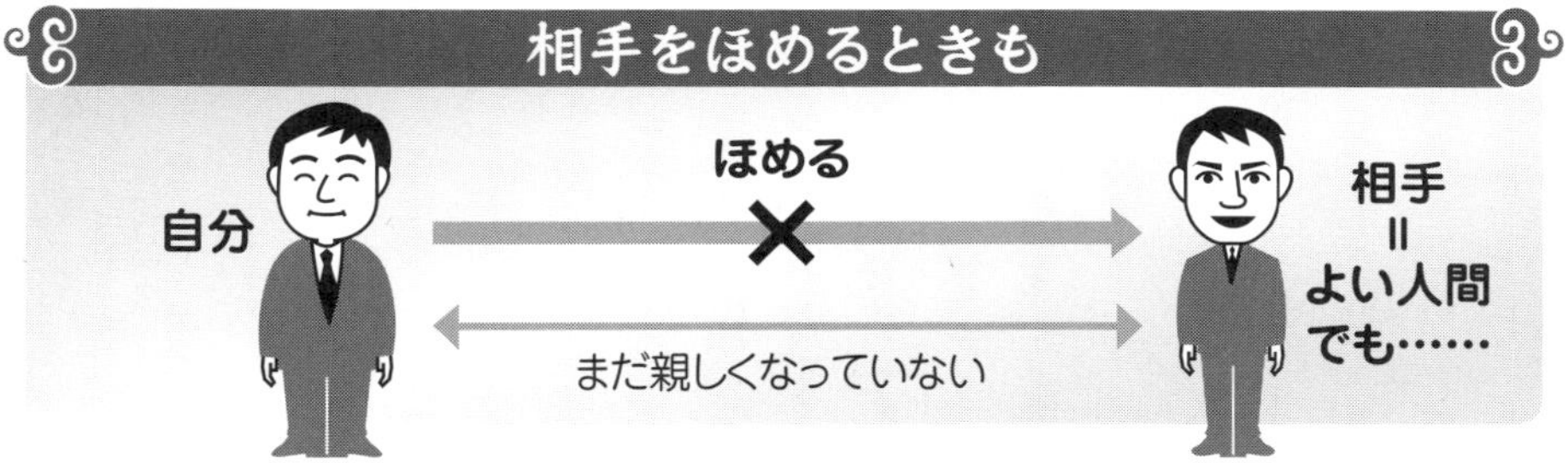

相手をほめるときも
自分
ほめる
相手
=
よい人間
でも……
まだ親しくなっていない

人とつき合うときは
用心深いほうが
いいのかもしれないよ
相手をほめるときもね
えっ
ほめるときにも？
ほめるときも
相手との距離を
考えなきゃね
うかつに
ほめちゃ
だめだよ
難しい
もんだね

「触らぬ神に祟りなし」かかわらないほうがよい相手もいる

小人《しょうじん》と仇讐《きゅうしゅう》することを休《や》めよ、小人は自《おのず》から対頭あり。君子に向かって諂媚《てんび》することを休めよ、君子は原《もと》私恵なし。

休与小人仇讐、小人自有対頭。休向君子諂媚、君子原無私恵。

（前集一八六）

訳

つまらない小人どもを相手にするな。小人には小人なりの相手があるものだ。また、立派な君子にこびへつらうな。君子はもともとえこひいきなどしてくれないものだ。

つまらない相手とは、かかわらないほうが無難かもしれませんね

世を渡っていくうえでの保身の術

つまらない者とは、事をかまえたり、争ったりしないこと。つまらない者にはつまらない者なりの相手がいるのだという。

ビジネスにおいても参考になる教えだ。たとえば、だれかと対立しそうな場面があったとしよう。相手によっては、正面からぶつからず、自分から身を引いたほうがよい場合もある。へたにつまらない相手にかかわると、ろくな目にあわないだろう。

「触らぬ神に祟《たた》りなし」というが、かかわらないほうがよい相手もいるのだ。世を渡っていくうえでの保身の術といえよう。

かかわらないほうがよい場合もある

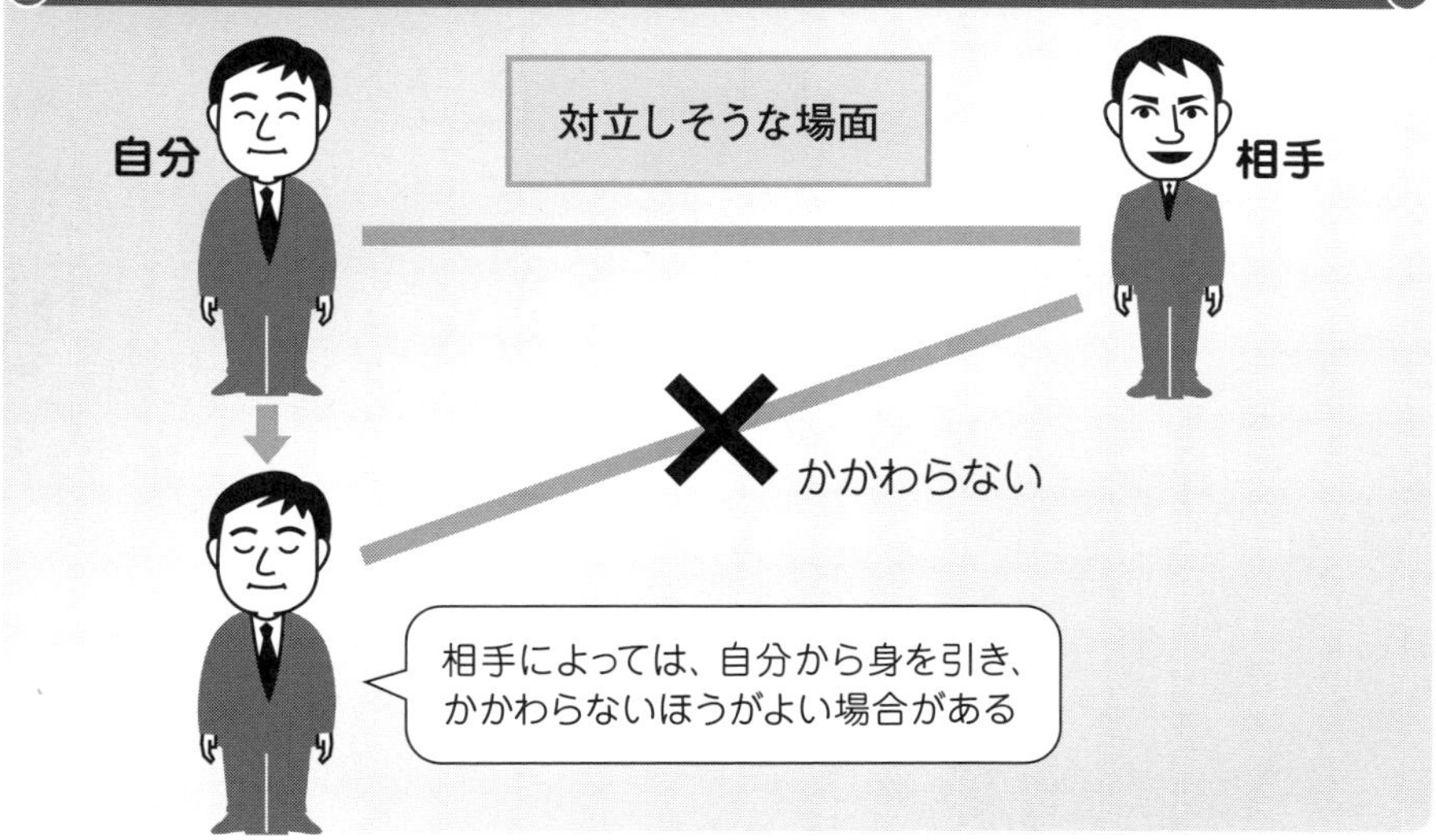

対立しそうな場面
自分
相手
かかわらない
相手によっては、自分から身を引き、かかわらないほうがよい場合がある

「触らぬ神に祟りなし」
ちょっと注意しただけで殴られた…
ああいう人にはかかわらないほうがいいよ

感謝や見返りを期待しないこと

恩を施す者は、内に己《おのれ》を見ず、外に人を見ざれば、即《すなわ》ち斗《と》粟《ぞく》も万鍾《ばんしょう》の恵みに当たるべし。物を利する者は、己の施《し》を計り、人の報《ほう》を責むれば、百鎰《いつ》と雖《いえど》も一文《もん》の功を成し難し。

施恩者、内不見己、外不見人、即斗粟可当万鍾之恵。利物者、計己之施、責人之報、雖百鎰難成一文之功。

（前集五二）

訳 人に恩恵を施すときには、心の中に施す自分を意識せず、施される相手の感謝を期待しなければ、たとえわずかな恩恵を施しても、莫大な恩恵に価するものである。人に利益を与えるときには、自分の与えた利益を計算し、その見返りを求める心を起こすようであれば、たとえ莫大な金額を与えたとしても、一文にも価しないものである。

感謝を期待せず、見返りを求めない

人に恩を施すときには感謝を期待せず、人に利益を与えるときには見返りを求めてはならないというものだ。

現代社会においても、このような心の持ち方が望まれるのではないだろうか。いや、せちがらい現代だからこそ、必要なのかもしれない。たとえば、職場などで困っている人がいた場合、手助けすることもあるはずだ。手助けはよいことだが、そこに打算を働かせてはならない。相手からの**感謝を期待したり、見返りを求めたりしてはならない**のだ。人に何かをしてあげるときに心がけたい教えである。

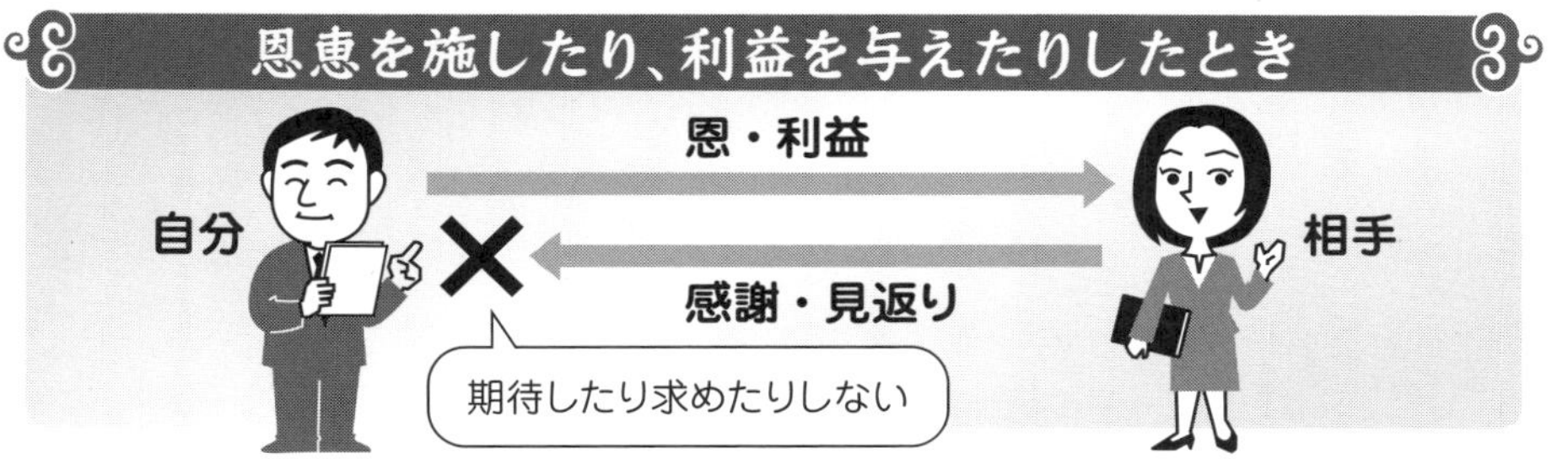
恩恵を施したり、利益を与えたりしたとき
恩・利益
自分
相手
感謝・見返り
期待したり求めたりしない

カンバンのランプが消えている…
大変そうだね 手伝ってあげようか
BAR レモンハート
助かるよ ありがとう
そのかわり一杯ごちそうしてもらおうかな
BAR レモンハート
そういうことか…

人からうらまれないためには人に対して寛大になること

人の小過を責めず、人の陰私を発《あば》かず、人の旧悪を念《おも》わず。三者、以て徳を養うべく、また以て害に遠ざかるべし。

不責人小過、不発人陰私、不念人旧悪。三者、可以養徳、亦可以遠害。

（前集一〇五）

訳

人の小さな過失を責めたてたりせず、人のかくしごとをあばきたてたりせず、人の過去の悪事をいつまでも覚えていたりしない。この三つのことを行うことで、自分の人格を高めることができるし、人からうらみを買うこともない。

人のうらみは買いたくないもの そのためには？

人間だれしも、人のうらみは買いたくないものだ。では、どうすれば人からうらまれないようになるのだろう。

その答えが、次の三つなのかもしれない。

「人の小さな過失はとがめず」
「人のかくしごとはあばかない」
「人の過去の過ちは忘れる」

つまり、人に対して寛大になること、人を許すこと、といえよう。これらを実践すれば、人からうらまれることは少なくなるだろうし、人間関係も良好に保てるようになるはずだ。

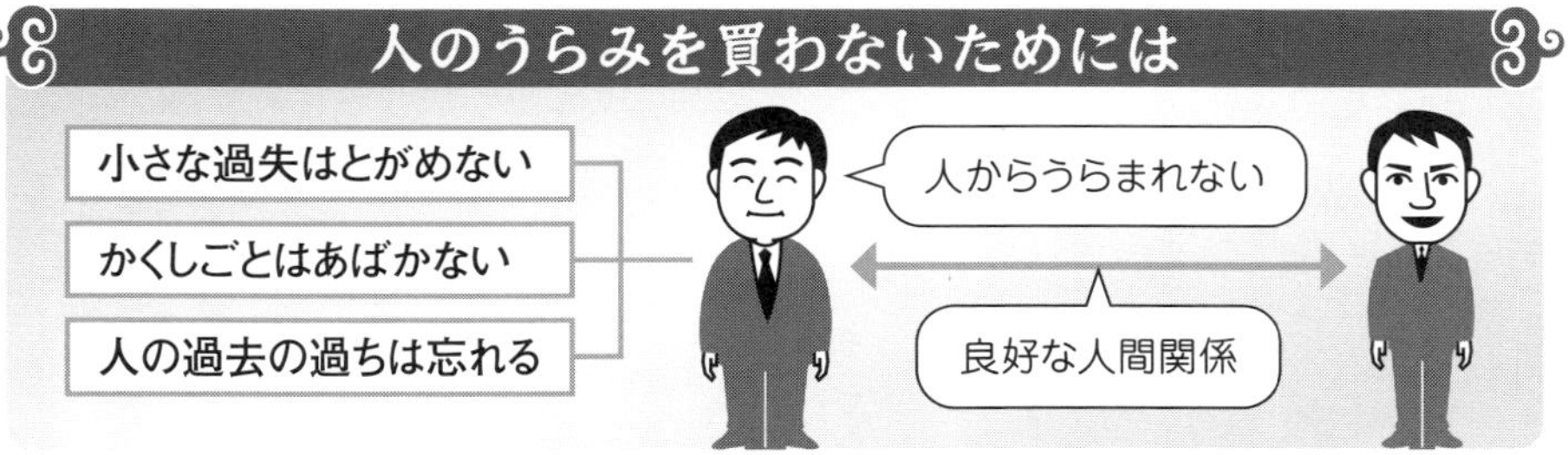
人のうらみを買わないためには
小さな過失はとがめない
かくしごとはあばかない
人の過去の過ちは忘れる
人からうらまれない
良好な人間関係

小さな過失はとがめないといわれても
ついつい責めてしまうしかくしごとはあばきたくなるそして過去の過ちは…どうしても忘れられない
検事さんらしいですね…
これじゃ人にうらまれてばかりだよ

「窮鼠猫をかむ」だから逃げ道を用意する

奸《かん》を鋤《す》き倖《こう》を杜《ふさ》ぐは、他《かれ》に一条の去路を放つを要す。若《も》しこれをして一も容《い》るる所なからしめば、譬《たと》えば鼠《ねずみ》の穴を塞《ふさ》ぐものの如し。一切の去路都《すべ》て塞ぎ尽くせば、則《すなわ》ち一切の好物も倶《とも》に咬《か》み破られん。

鋤奸杜倖、要放他一条去路。若使之一無所容、譬如塞鼠穴者。一切去路都塞尽、則一切好物倶咬破矣。

（前集一四〇）

訳 悪者を排除し、へつらう者たちをなくすには、彼らに一筋の逃げ道を用意しておく必要がある。もしも、彼らに一カ所も身を置く場所がないようにしてしまうと、たとえば、ねずみの穴をふさいでしまうようなものである。すべての逃げ道をふさいでしまうと、苦しまぎれに大事なものまでも、すべてかみちぎられてしまう。

逃げ道をつくっておく

「**窮鼠《きゅうそ》猫をかむ**」、追いつめられたねずみが猫にかみつくように、弱い者も追いつめられると強い者に反撃することがある。追い込まれた相手に逃げ道がなければ、相手は死にもの狂いで反撃をしてくるだろう。そうなれば、こちらも痛手を受けることになる。だから、相手に逃げ道をつくっておくのだ。そうすれば、無用な被害を受けなくてすむだろう。

　ビジネスにおいても、当てはまる場面があるかもしれない。追いつめた相手には、**逃げ道を確保してやること**。そうしなければ、思わぬ痛手をこうむることになるだろう。

相手を追いつめたとしても
相手を追いつめたとしても
自分
ライバル
ここから逃げることが可能
逃げ道
用意しておく

ちょっと なんだよ？
松田！ よくも 言いたいこと 言いやがって！ 今度こそは ぜったいに 許さないぞ

あそこまで 追いつめたら ダメだよ 逃げ道は 残しておいて あげないと…

人を使うときと人とつき合うときの注意点

人を用うるには、宜《よろ》しく刻《こく》にすべからず、刻なれば則《すなわ》ち効を思う者も去る。友に交わるには、宜しく濫《らん》にすべからず、濫なれば則ち諛《ゆ》を貢する者も来たる。

用人、不宜刻、刻則思効者去。交友、不宜濫、濫則貢諛者来。

（前集二〇七）

訳　人を使うときには厳しすぎて（冷酷であって）はならない。厳しすぎると、せっかく骨を折り、尽くそうとする者までも去ってしまう。友と交わるには、みだりにだれとでも交わってはならない。だれとでも交わると、こびへつらう者までもやってくる。

人を使うときには……

人を使うときには、冷酷な扱いをしてはならない。ひどい扱いをすると、せっかくやる気になっている者までも逃げ出してしまう。友と交際するときには、相手を選ばなければならない。そうしないと、こびへつらう者までやってくる、という。

あまりに厳しすぎる対応や冷酷な扱いを受けたら、やる気があっても、嫌になって去っていくのは当然のことである。人を使う者として気をつけなければならないことだ。また、つき合う人間については、相手を選ぶべきなのかもしれない。処世訓として、誰彼かまわずというのは避けたほうが無難であろう。

冷酷な扱いをすると・相手を選ばないと

人を使うとき
厳しすぎる・冷酷な扱い
やる気のある者も去っていく
人とつき合うとき
相手を選ばないと……
こびへつらう者までやってくる

何!
うちを辞めたいだって!?
バカも~ん!
せっかくここまでやってきてどういうことだ!
す すみません
まったく今の若いやつは根性がない!
根性がないから少し厳しく怒られたくらいで辞めると言いだすんだ

厳しさにも限度がある。あまりに厳しすぎるとやる気のある者まで去っていく。

塵《ちり》の積もった俗世間から抜け出すには？

「竹葉杯の中 風に吟じ月を弄べば 万丈の紅塵を躱離し了る」
竹葉とは酒のことで 酒杯をかたむけ 詩を吟じ 月を眺めていると 俗世間から離れて すがすがしい気分に なれるってことです
ほんとに いいお月さま ですね
私たちも 今夜は 塵の積もった俗世間を忘れて 月に手をあわせましょう

「蘆《ろ》花《か》被《ひ》の下《もと》、雪に臥《が》し雲に眠れば、一窩《か》の夜気を保全し得《う》。竹葉杯の中《うち》、風に吟じ月を弄《もてあそ》べば、万丈の紅塵を躱《た》離《り》し了《おわ》る」

（後集三九）

訳　薄い粗末なふとんにくるまって、雪の中、雲の上の山小屋に眠ると、部屋中に満ちた霊気によって元気を回復し保つことができる。酒杯をかたむけて、清風に詩を吟じ、明月を眺めると、塵にまみれた俗世間からすっかり抜け出すことができる（身も心もすがすがしい）。

第4章

仕事に取り組む

仕事にどう取り組むべきか？

コツコツと努力を続け好機が訪れるのを待つ

縄鋸《じょうきょ》も木断《た》ち、水滴《すいてき》も石穿《うが》つ。道を学ぶ者は須《すべか》らく力索《りきさく》を加うべし。水到《いた》れば渠《みぞ》成り、瓜《うり》熟せば蒂《へた》落つ。道を得る者は一に天機に任《まか》す。

縄鋸木断、水滴石穿。学道者須加力索。水到渠成、瓜熟蒂落。得道者一任天機。

（後集一一〇）

訳

縄も長い間こすり続けると、のこぎりと同じように木を切るし、雨だれも長いときがたつと、石に穴を開ける。道を学ぶ者は、このようにたゆまぬ努力を続ける心がけを持つべきである。また、水が流れてくると自然に溝ができ、瓜が熟すと自然にへたが落ちる。道を悟る者は、このようにじっくりと機を待つべきである。

不断の努力、時機を待つ

この教えは、道を学び、道を求める者は、努力を続け、時機が来るのを待てというものであるが、仕事でも同じことがいえよう。

仕事においても、たゆまぬ努力、これに勝るものはない。努力を続けることによって、スキルなどが向上し、人間的にも磨かれていくのだ。そして、先をあせらず時機が来るのを待つことも大事なことである。気持ちだけが先走ってもうまくいかないものだ。コツコツと努力を続けていれば、いつか好機が訪れるだろう。「**不断の努力**、そして**時機を待つこと**」、仕事をするうえでの大事な心得である。

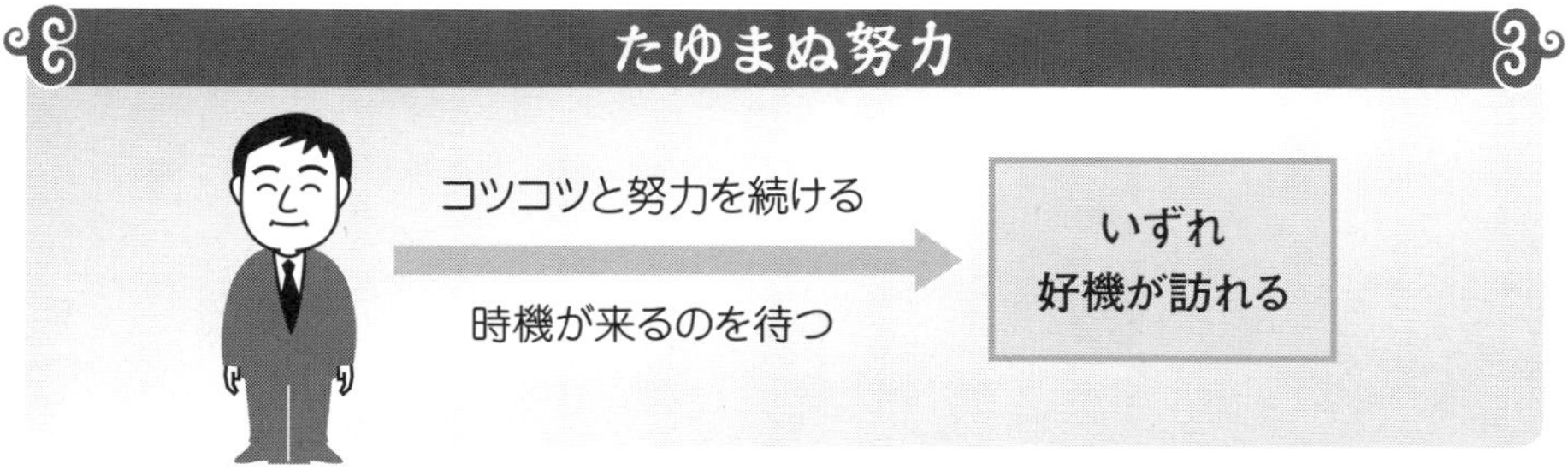
たゆまぬ努力
コツコツと努力を続ける
時機が来るのを待つ
いずれ
好機が訪れる

書き上げたの？
まだ…
まだと言うか…
もう締め切りに間にあわない…
ねえマスター
原稿を早く書き上げられるいい方法はないかな
こうならないように
あせらずさわがずコツコツと日頃の努力を続けることが大切だよ

長続きするものを手に入れるには時間がかかる

一苦一楽、相《あい》磨練し、練極《きわ》まりて福を成すものは、その福始めて久し。一疑一信、相参勘《さんかん》し、勘極まりて知を成すものは、その知始めて真なり。

一苦一楽相磨練、練極而成福者、其福始久。一疑一信相参勘、勘極而成知者、其知始真。

（前集七四）

訳

苦しんだり、楽しんだりして、精進を重ねた結果、獲得した幸福こそ、その幸福はいつまでも続く。また、疑ったり、信じたりして、苦心を重ねて考え抜いた結果、獲得した知識こそ、その知識は本物になる。

長い時間をかけて得たものは持続する

幸福も知識も、苦労を重ね、時間をかけて得たものこそ、本物となり、長く続くものになるという。ということは、簡単に手に入れたものは、長続きしないということになるのだろう。

何事も、**苦労を重ね、時間をかけてつかんだものこそ、持続するものとなる**のである。

仕事上の知識や技術なども、長い時間をかけて得たものが、本当に身についたものとなり、その後も持続するものとなるだろう。手っ取り早く手に入れてしまったものは、長くは続かないものだ。心得ておきたい教えである。

長く続くものとは？

長くは続かない
短時間で手に入れたもの
長い時間をかけて獲得したもの
長く続く

マスターのまねをしたってうまくいくわけがない
マスターの技術は時間をかけて苦労をして身につけたものなんだ！こんな水っぽいギムレット飲めるか！
ガーーン
杉山のおじさん僕がまちがってました
もう一度いちからやり直します
わかってくれたか
酒と同じだよ時間をかけたものこそ本物だバーテンダーとして長く続けられるようにがんばれよ

何事も時間をかけてつかんだものこそ長く続くものとなる。

下り坂のきざしは最盛期に現れる

衰颯《すいさつ》の景象《けいしょう》は、就《すなわ》ち盛満の中に在り、発生の機緘《きかん》は、即《すなわ》ち零落の内に在り。故に君子は安きに居りては、宜《よろ》しく一心を操《と》りて以て患を慮《おもんぱか》るべく、変に処しては、当《まさ》に百忍を堅くして以て成るを図るべし。

衰颯的景象、就在盛満中、発生的機緘、即在零落内。故君子居安、宜操一心以慮患、処変、当堅百忍以図成。

（前集一一七）

訳

物事がおとろえるきざしは、もっとも盛んで満ち足りている中にあり、新しい芽生えのはたらきは、葉が落ちつくしたときに早速始まっているのである。だから、君子たる者は、無事平安なときには、本心を堅く守り、他日の患難《かんなん》に備えるべきであり、異変に対処したときには、あらゆる忍耐を重ね、成功することを図るべきである。

順調なときこそ

下り坂の兆候は、最盛期の中に現れ、新しいものの胎動は、衰退のうちに始まっている。だから、順調なときには気を引き締め、いざ事が起きたときに備える。そして難関に遭遇したときには、ひたすら耐え忍んで、成功をつかみ取らなければならないという。

人間、最盛期には浮かれがちだが、そのときにはすでに衰退のきざしが現れている。**もっとも順調なときこそ、気を引き締めなければならない**のだ。また、難関にさしかかったときには、とにかく耐えることだ。耐えて、耐えて、必ず成功させる。そういった気概を持ちたいものだ。

もっとも順調なとき、難関に遭遇したとき
気を引き締める
もっとも順調
難関に遭遇
耐え忍び成功させる

ヤッホーッ!
会社が順調でじゃんじゃんもうかってま〜す!
山ちゃん!
景気がいいですね〜
そして ある日
バン
!!
ポッポッポ ハトポッポ 会社が厳しい 倒産だ
あんなに順調だったのに…
順調なときこそ気を引き締めないと…
耐えて耐えて耐え忍ぶ…

余計なことは言わない
多弁であるよりも沈黙を守る

十の語九中《あた》るも、未《いま》だ必ずしも奇と称せず。一語中らざれば、則《すなわ》ち愆尤《けんゆう》駢《なら》び集まる。十の謀《ぼう》九成るも、未だ必ずしも功を帰せず。一謀成らざれば、則ち訾《し》議《ぎ》叢《むら》がり興る。君子は寧《むし》ろ黙して躁《そう》なることなく、寧ろ拙にして巧なることなき所以《ゆえん》なり。

十語九中、未必称奇。一語不中、則愆尤駢集。十謀九成、未必帰功。一謀不成、則訾議叢興。君子所以寧黙毋躁、寧拙毋巧。（前集七一）

訳

十語のうち九までが的中しても、世間からほめられるとは限らない。的中しない一語のために非難が集まってくる。十のはかりごとのうち、九までが成功しても、世間からその功績が認められるとは限らない。成功しないはかりごとのために、苦情が群がってくる。そこで君子たる者は、むしろ沈黙を守るほうが騒ぎ立てるよりましであり、むしろ拙劣《せつれつ》のほうが小利口であるよりましであるわけだ。

多弁には注意を

十のうち九までが的中しても、当たらない一つのために非難されるという。だから、多弁であるよりも沈黙を守ったほうがよいというわけだ。

「沈黙は金」という言葉もあるが、仕事においてはどうだろうか。沈黙がよいからといって、いつも黙りこくっているわけにはいかない。それでは仕事にならない。自分の考え、意見はしっかりと相手に伝え、場面に応じて適切な話をするべきだ。

大事なのは、余計なことを言わないことである。多弁が過ぎると、つい余計なことを言ってしまいがちだ。くれぐれも、**多弁には注意**しよう。

多弁は失敗のもと

ぺらぺらとよくしゃべる

多弁 → 余計なことを言いがち → その余計なことが失敗のもと

どーした? みんな
二日酔いで あいさつも ままならない って顔だな!
係長
おはよう ございます
寺田クン ちょっと…
あっ! 課長っ
課長も 二日酔い ですか?
元気なのは いいが 君は 一言余計だよ!
はあ…

じっくり力を蓄えれば高く舞い上がることができる

伏すこと久しきものは、飛ぶこと必ず高く、開くこと先なるものは、謝すること独り早し。此れを知らば、以て蹭蹬《そうとう》の憂いを免《まぬが》るべく、以て躁急《そうきゅう》の念を消すべし。

伏久者、飛必高、開先者、謝独早。知此、可以免蹭蹬之憂、可以消躁急之念。（後集七七）

訳　鳥の中でも、長く伏せて力を養っていたものは、いったん飛び上がると、必ずほかの鳥よりも高く飛び、また、花の中でも、早く開いたものは、必ずほかの花よりも早く散る。この道理をわきまえていれば、中途で足場を失ってよろめく心配もなく、また、成功をあせる気持ちを消すこともできる。

実力の蓄積が将来の成功につながる

長い間伏せて力を蓄えていた鳥は、いったん飛び立てば、高く舞い上がり、先に開いた花は、散るのも早い。この道理を心得ていれば、途中でよろめく心配はないし、成功をあせることもないのだという。

今すぐに実力を発揮することができなくても、**機が熟するまではじっくりと力を蓄えておく**。その蓄積が将来の成功につながるのである。仕事においても、成功をあせらず、そのときに備えて、じっくりとスキルを磨き、しっかりと知識や経験を蓄えておくべきなのだ。空高く舞い上がるために。

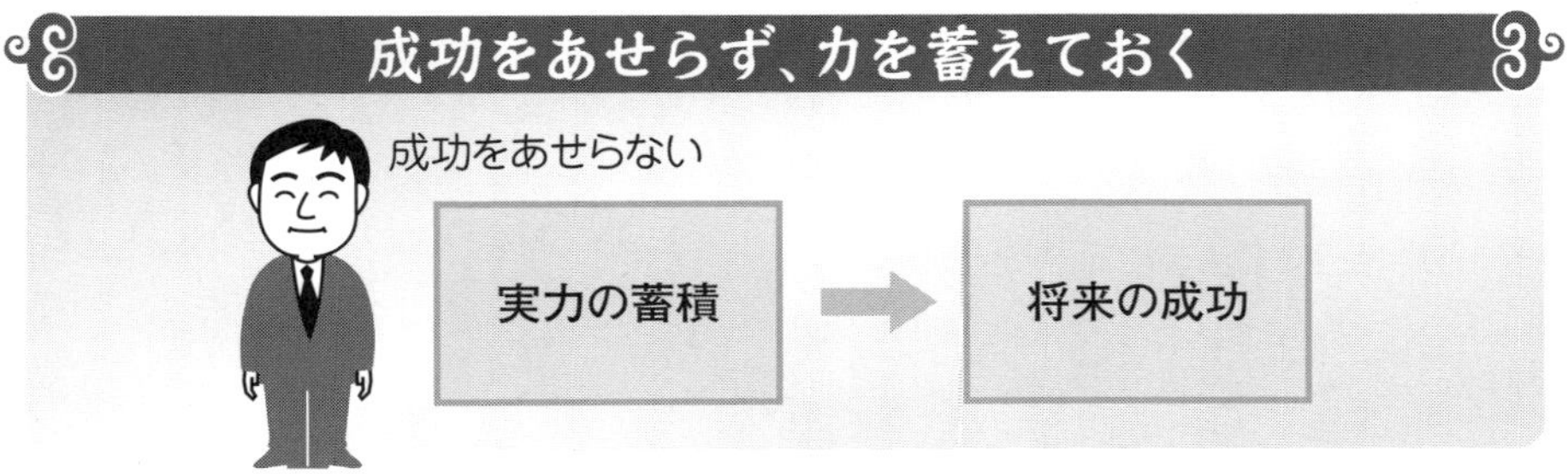
成功をあせらず、力を蓄えておく
成功をあせらない
実力の蓄積
将来の成功

空高く飛ぶ飛行機のように…
British airways
僕も じっくりと力を蓄えて
いつか空高く
舞い上がろう…

うかつに安易な方向に行くと深みにはまり込む

欲路上《よくろじょう》のことは、その便《べん》を楽しみて姑《しばら》くも染指《せんし》を為すことなかれ。一《ひと》たび染指せば、便《すなわ》ち深く万仞《ばんじん》に入らん。理路上のことは、その難を憚《はばか》りて稍《やや》も退歩を為すことなかれ。一たび退歩せば、便ち遠く千山を隔てん。

欲路上事、毋楽其便而姑為染指。一染指、便深入万仞。理路上事、毋憚其難而稍為退歩。一退歩、便遠隔千山。

（前集四〇）

訳 欲望上のことは、手っ取り早く欲望がかなえられるからといって、うっかり手を出してはならない。一度手を出したら最後（一度その味を覚えてしまうと、それにおぼれていき）、どんどん深みにはまり込んでしまう。道理上のことは、そのことが困難だからといって、少しでも後にしりぞいてはならない。一度しりぞいたら最後（一度おっくうになりだすと、ますますおっくうになり）、ずるずると後退し、追いつくことができなくなってしまう。

うかつに安易な方向には行かないこと

うかつに安易な方向へ行くことを戒めた教えだが、仕事でも同じようなことがいえるだろう。

一度、手を抜くことや楽をすることを覚えると、次も、またその次も……と際限なく楽をすることになり、どんどん深みにはまってしまうことになるかもしれない。

また、一度仕事に対する信念を曲げ、妥協してしまうと、その後もずるずると妥協することになる。ときには妥協しなければならない場面もあるだろうが、ずるずるとはいかないように注意したいものだ。

一度安易な方向に行ってしまうと……

一度手を抜き
楽をする
一度信念を曲げ
妥協する
その後も
ずるずると……
深みに
はまる

一度 楽をすることを覚えたらどうなると思う？
えっ・・・・？
さては楽をすることを考えてたね！
いやいやそんなことないけど・・・一度 楽を覚えるとどうなるの？
どんどん深みにはまって楽をすることしか考えなくなるよ！

完璧を求めない余裕を持ってほどほどに

事々《じじ》、個《こ》の有余不尽《ゆうよふじん》の意思を留《とど》むれば、便《すなわ》ち造物も我《われ》を忌《い》むこと能《あた》わず、鬼神《きしん》も我を損すること能わず。若《も》し業は必ず満《まん》を求め、功は必ず盈《えい》を求むれば、内変を生ぜざれば、必ず外憂を召《まね》かん。

事事、留個有余不尽的意思、便造物不能忌我、鬼神不能損我。若業必求満、功必求盈者、不生内変、必召外憂。

（前集二〇）

訳

何事につけても、余裕を持って控えめにする気持ちを持っていると、造物主（天地万物の創造主）もその人のことを嫌うこともないし、鬼神もその人に危害を加えることはない。しかし、仕事に必ず完全を求め、功名にも必ず十分であることを求めたら、内部から異変が起きるか、それとも外部から心配事を招くであろう。

余裕を持って ほどほどに

完璧《かんぺき》を求めず、何事も少しは余裕を持てという教えである。

　何事もゆとりがあったほうが、うまくいくことが多いのではないだろうか。仕事においても**完璧を求めず、余裕を持ってほどほどに**、という線がよいのかもしれない。そうすれば行き詰まることも少ないだろうし、長続きもするだろう。

　ただし、そのほどほどに、というレベルが難しいところではある。あまりに低いレベルで満足し、余裕がありすぎても困りもの。そのさじ加減が肝要といえよう。

私はそんなに完璧を求めなくてもいいんじゃないかと思っています
多少は余裕を持ったほうがいいですよ
ところが余裕がありすぎても困るこの「余裕」のさじ加減が意外と難しいんですね
ほどほどにということですか
完璧を求めず余裕を持ってほどほどに…たしかに難しそうですね

完璧を求めない

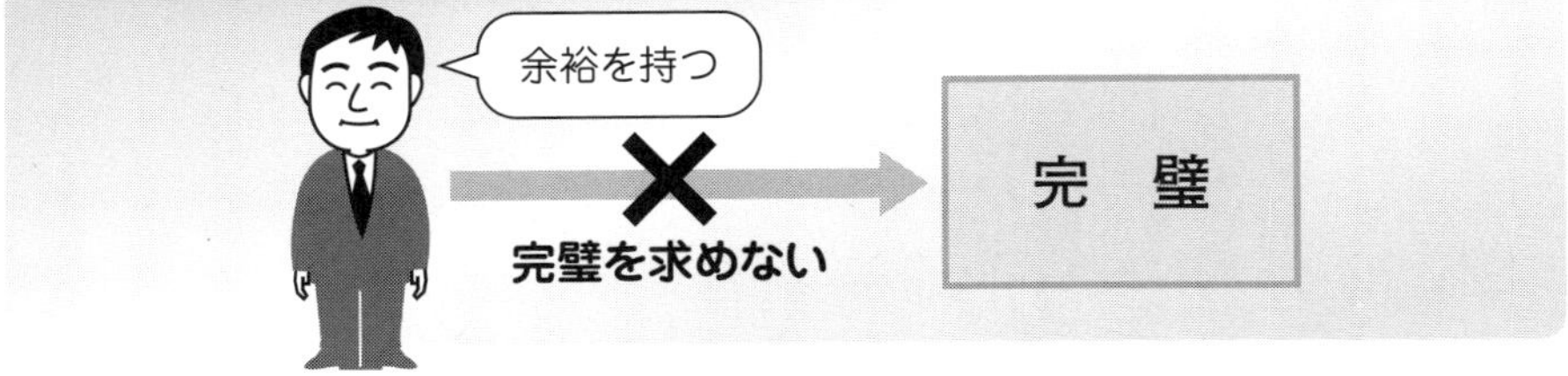
余裕を持つ
完璧を求めない
完　璧

本物は見せない
見せびらかすのは本物ではない証拠

真廉《しんれん》は廉名なし。名を立つる者は、正に貪《たん》となす所以《ゆえん》なり。大巧は巧術なし。術を用うる者は、乃《すなわ》ち拙となす所以なり。

真廉無廉名。立名者、正所以為貪。
大巧無巧術、用術者、乃所以為拙。
（前集六二）

訳 本当に清廉な者は、清廉という評判は立たないものだ。清廉という評判が立っているというのは、実は顕示欲が強い証拠なのである。本当に巧妙な技術を身につけた者は、巧妙な技術を見せることはない。巧妙な技術を見せるというのは、実は未熟な証拠なのである。

本物とは……

本物というのは、それを表に見せることはない。表に現れているというのは、本物ではない証拠なのだという。

仕事においても、**本当の力量、本物の技術を持った人というのは、それを見せないもの**なのかもしれない。知識や技術などを見せびらかそうとする人は、未熟だからそうするのではないだろうか。ただ、仕事上、自分をＰＲしなければならない場面もあるだろう。だが、そんなときも自分をよく見せようとして、必要以上にパフォーマンスをするのはやめておきたい。そうしたところで、本物でなければ、すぐに見抜かれてしまうからだ。

本物とは？
知識や技術を
見せびらかさない
本　物
＝
知識や技術を
見せびらかす
＝
本物
ではない

酒場でも…
ところで
マスター
アイレイ
モルトは
何があるの？
また
このガキは
知りもしないで
カッコつけ
やがって…
自分をよく見せようとして、必要以上にパフォーマンスしても、本物でなければ、すぐに見抜かれてしまうものですよ

こびへつらう者は肌を刺す「すきま風」、十分に注意

讒夫毀士《ざんぷきし》は、寸雲の日を蔽《おお》うが如く、久しからずして自《おのず》から明らかなり。媚子阿人《びしあじん》は、隙風《げきふう》の肌《はだ》を侵すに似て、其の損を覚えず。

讒夫毀士、如寸雲蔽日、不久自明。媚子阿人、似隙風侵肌、不覚其損。

（前集一九二）

訳

中傷したり悪口を言ったりする人間は、ちぎれた雲が太陽を一時おおいかくすようなもので、やがて事実はひとりでに明らかになる。だが、人にこびへつらう人間は、すきま風が肌を損ない、傷つけてしまうようなものである。知らぬ間にわが身を損なわせるものである。

すきま風に注意する

悪口を言う者は、太陽をかくすちぎれ雲のようなもので、すぐに吹き払われ、事実はひとりでに明らかになる。こびへつらう者は、肌を刺すすきま風のようなもので、知らぬ間に健康を害している、という。

悪口のたぐいは気にせず、**注意すべきは、こびへつらう者のほう**だということである。仕事上も、お世辞を言って近づいてくる人間には、気をつけたほうがよい。うまいことを言って近づいてくるのには、それなりの理由があるからだ。そんな言葉に乗せられると、痛い目にあうかもしれない。肌を刺すすきま風には十分に注意したい。

悪口を言う人とこびへつらう人
悪口中傷
気にしない
気をつける
こびへつらう

ここは ごく普通の店だが オレはここで
静かに酒を飲んでいるのが好きなんだ
メガネさんってすてき!
とっても渋くて頼もしくて魅力的… ねっ 今度ぜひ うちのお店に来て!
悪口は気にしないが
お世辞には気をつけないと
あら そんなあ
お世辞なんて そんなこと ありませんよ 本当ですって

口は心の門であり わざわいのもとでもある

口は乃《すなわ》ち心の門なり。口を守ること密ならざれば、真機を洩《もら》し尽くす。意は乃ち心の足なり。意を防ぐこと厳ならざれば、邪《じゃ》蹊《けい》を走り尽くす。

口乃心之門。守口不密、洩尽真機。
意乃心之足。防意不厳、走尽邪蹊。
（前集二一七）

訳 口こそ心の門である。この口をしっかり守り、言葉を慎まないと、心の中の機密を外にもらしてしまう。また、意識こそ心の足である。この意識を厳しく制しないと、すぐによこしまな道にそれてしまう。

「口はわざわいのもと」口をしっかり守る

口を慎むことの重要性を説いた言葉である。「**口はわざわいのもと**」ということわざもあるが、ふともらした一言が大きな失敗を招くことがある。

とくに仕事の話をするときには注意が必要だ。何気なく話したことが、ときには情報の漏洩《ろうえい》などにつながることにもなるからだ。信頼できる人物かどうかをしっかり見極める。そのうえで、口にしてよいことかどうかを十分に考えることを心がけたい。

「**口は心の門**」、**口をしっかりと守らなければならない**ことは、強く肝に銘じておこう。

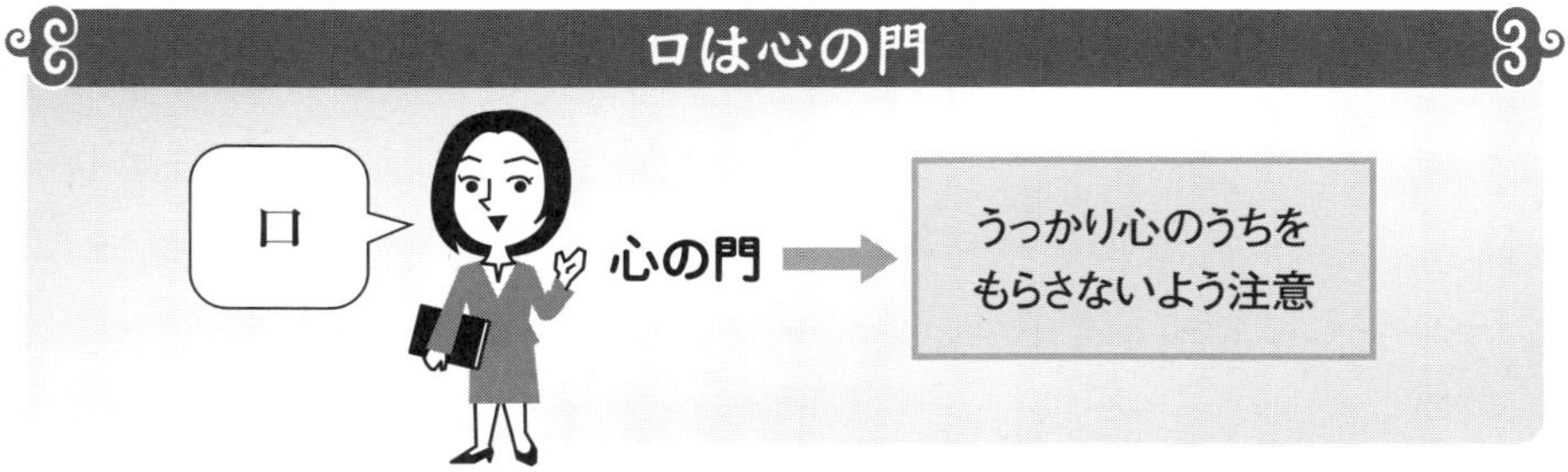
口は心の門
口
心の門
うっかり心のうちを
もらさないよう注意

会議室
A－5
例の計画…他社にもれてるようなんだ
えっ
そんなはずは…
あの計画を知っているのは
私と君だけのはずだ
バーで飲んだあのときか…
まずいよこれは…

苦心が苦痛にならないように「ほどほどに」の精神

憂勤は是れ美徳なり、太《はなは》だ苦しめば則《すなわ》ち以て性に適《かな》ひ情を怡《よろこ》ばしむることなし。澹泊《たんぱく》は是れ高風なり、太だ枯るれば則ち以て人を済《すく》い物を利することなし。

憂勤是美徳、太苦則無以適性怡情。
澹泊是高風、太枯則無以済人利物。
（前集二九）

訳

仕事に苦心して励むのは美徳である。しかし、度を過ぎて苦心しすぎると、その人の本性を楽しませ、心情を喜ばせることがなくなってしまう。また、さっぱりとして執着がないのは、高尚な心である。しかし、度が過ぎて淡白になりすぎると、世の人を救ったり、役に立ったりすることができなくなってしまう。

「ほどほどに」すること

仕事に苦心して取り組むことはよいことである。しかし、その苦心も限度を超えると、苦役となり、苦痛になるという。

たしかに、苦心しながら仕事に取り組み、仕事を成し遂げようとすることはよいことである。だが、苦心も限度を超えると、苦痛になる。仕事に励みすぎ、寝食を忘れるほどになると、これは問題である。何のために働いているのかがわからなくなり、自分を見失うことになるだろう。つまり、ここでいいたいことも、「**ほどほどに**」である。

『菜根譚』は、われわれに「**ほどほどに**」の精神が大切なことを教えてくれている。

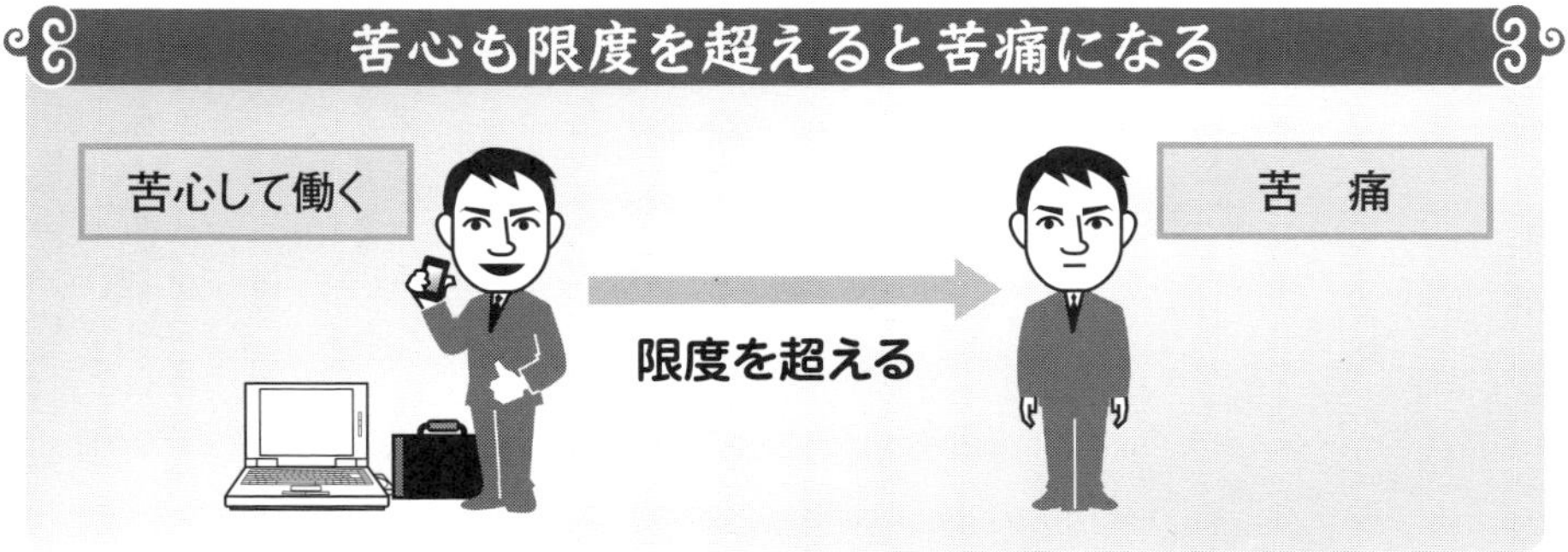

苦心も限度を超えると苦痛になる
苦心して働く
限度を超える
苦 痛

毎日毎日徹夜…
僕は何のためにこんなに働いているのか…
仕事に励みすぎ、限度を超えると、何のために働いているのかがわからなくなり、自分を見失うことになります

立場を変えると今まで見えなかったものが見えてくる

卑《ひく》きに居りて後《のち》、高きに登るの危きたるを知る。晦《くら》きに処《お》りて後、明るきに向うの太《はなは》だ露《あらわ》るるを知る。静を守りて後、動を好むの労に過ぐるを知る。黙を養いて後、言多きの躁《そう》たるを知る。

居卑而後、知登高之為危。処晦而後、知向明之太露。守静而後、知好動之過労。養黙而後、知多言之為躁。

（前集三二）

訳　低いところにいると、はじめて高いところに登るのが危険だということがわかる。暗いところにいると、はじめて明るいところに出ることがあらわれすぎだということがわかる。静かな環境にいると、はじめて動き回るのを好むのは徒労にすぎないことだとわかる。寡黙を守っていると、はじめて多弁がいかにさわがしく無駄であるかがわかる。

別の立場に立ってみる

その立場・環境に置かれているときにはわからないが、立場・環境が変わると、見えてくるものがあるということだろうか。

仕事においても、その立場に置かれている当事者は気づかないことがあるものだ。上司の立場、部下の立場、顧客の立場……など、自分とは別の立場に立って、自分の行動や状況について考えてみよう。そうすれば、今までは気づかなかったことが見えてくるかもしれない。

別の立場に立ってみる。客観的な視点を持つこと、ともいえるが、こういった目を養っておきたい。

立場を変えると見えてくるものがある

当事者
当事者は気がつかなくても……
立場
環境
別の立場
別の立場に立ってみると、当事者は気づかないことが見えてくる

会社やめて何日になります？
今日でちょうど一週間
慣れないとなかなか主夫も大変でしょう
たしかに　洗濯に部屋のそうじ夕食の買い物夕食のしたく
夕食のあと片付けをして家計簿をつけて子どもの宿題を見て…立場が変わってみると気づかなかった苦労がいろいろあることに気づきます

うまくいっているときこそ慎重を期す

老来の疾病《しっぺい》は、都《すべ》て是れ壮時《そうじ》に招きし的《もの》なり。衰後の罪孽《ざいげつ》は、都て是れ盛時に作《な》せし的なり。故に盈《えい》を持《じ》し満を覆《ふ》むは、君子尤《もっと》も兢々《きょうきょう》たり。

老来疾病、都是壮時招的。衰後罪孽、都是盛時作的。故持盈覆満、君子尤兢兢焉。

（前集一〇九）

訳　老後の病気は、すべて若いときに摂生しなかった報いである。下り坂になってからのわざわいは、すべて勢いがあったときに無理をした罰である。そこで、勢いが盛んで満ち足りたときこそ、君子は自分の行為を恐れ慎まなければならない。

順調なときこそ、細心の注意をはらう

元気盛んなときこそ、慎重を期さなければならないということである。

仕事においても同じことがいえるだろう。順調なときこそ、細心の注意をはらわなければならない。調子がよいからといって、無理や無茶をすると、それが後でわざわいを招くことになる。何事も無理を通すと、そのつけが回ってくるものだ。人間、順調なときには調子に乗りやすい。だからこそ、細心の注意が必要なのだ。

うまくいっているときこそ慎重に。ぜひ心得ておきたいことである。

私たちは順調なときこそ細心の注意をはらう必要があります
船の航海と同じでいつ嵐がおそってくるかわかりません
そうですね調子がよいからと無理や無茶をすると後で そのつけが回ってきますからね

順調なときには
調子に乗って無理をする
×
順調なとき
○
細心の注意 慎重を期す

「足るを知る」満足することを知るべし

都《すべ》て眼前に来たるの事は、足ることを知る者には仙境にして、足ることを知らざる者には凡境なり。総《すべ》て世上に出づるの因は、善く用うる者には生機にして、善く用いざる者には殺機なり。

都来眼前事、知足者仙境、不知足者凡境。総出世上因、善用者生機、不善用者殺機。

（後集二一）

訳　眼の前にあるすべての物事は、満足することを知っている者にとっては、理想郷に見えるが、満足することを知らない者にとっては、俗世間にしか見えない。また、世の中に現れてくる物事は、善用する者にとっては万物を生かす働きとなるが、善用しない者にとっては殺す働きとなる。

一定の足るを知るということ

「**足るを知る**」については『老子』にもあるが※、欲望少なく、わずかなものにも満足することである。仕事においてはどうだろうか。いつも低いレベルで満足するのでは困ったものだが、一定の「**足るを知る**」ことは必要であろう。つねに満足しない状態で仕事にのめり込むと、心身ともに疲弊する。場合によっては、健康を害するようになるかもしれないからだ。

「**足るを知る**」ことによって、そうした行きすぎを防ぐことができるし、かつ、心の平静を保って豊かに日々を送ることができるのではないだろうか。

※『老子』（第四十六）
「～禍《わざわい》は足るを知らざるより大なるは莫《な》し。～故に足るを知るの足るは、常に足る」

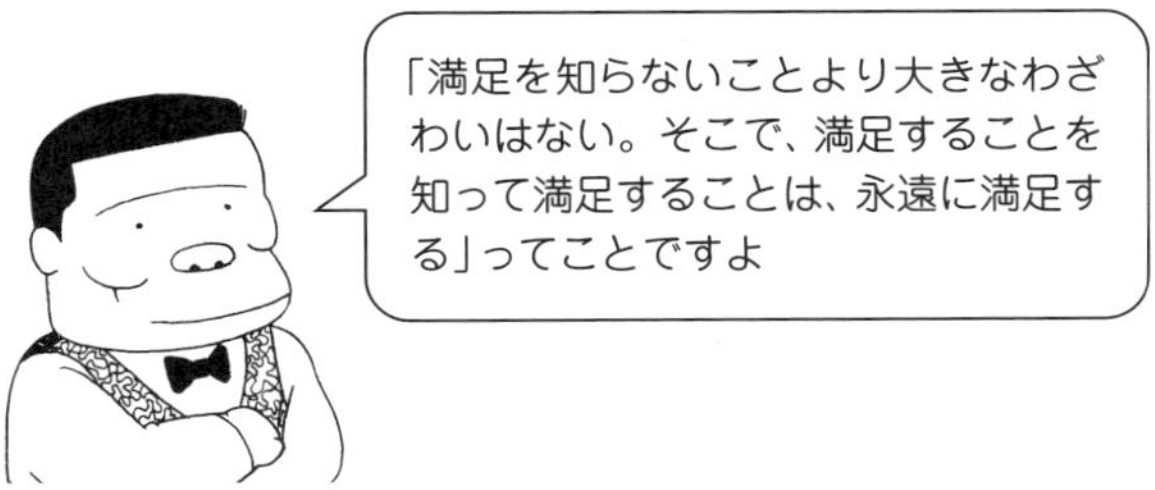
「満足を知らないことより大きなわざわいはない。そこで、満足することを知って満足することは、永遠に満足する」ってことですよ

勝治 おめえは 酒の噺《はなし》を 好んで やってるが
まちがいだぜ
!!
師匠の 言葉とも 思えませんね
お客さんは あたしの酒の噺を 十分に楽しんで いるんですよ
おめえはそれで 満足かもしれない たしかに 満足を知るってことは 大事なことだが…
そんなレベルで 満足している ようじゃ まだまだだね

満足を知ることは大事であるが、どのレベルで満足するかが難しいところである。

失敗しないためには調子に乗らず、最後まで手を抜かないこと

喜びに乗じて諾《だく》を軽《かるがる》しくすべからず。酔いに因《よ》りて嗔《いかり》を生ずべからず。快に乗じて事を多くすべからず。倦《けん》に因りて終りを鮮《すくな》くすべからず。

不可乗喜而軽諾。不可因酔而生嗔。
不可乗快而多事。不可因倦而鮮終。
（前集二一三）

訳

喜び浮かれて軽はずみに引き受けて（承諾を与えて）はならない。酒の酔いにまかせてむやみに怒ってはならない。物事が順調にいっているからといって、手をひろげすぎてはならない。もう飽きて嫌になったからといって、最後をいい加減にしてはならない。

失敗しないための四カ条

この四つは、**仕事で失敗しないための四カ条**といえよう。

一つ、調子に乗って安請け合いをしてはならない。後になって「できない」ではすまされない。信用を失うことにつながる。二つ、酒を飲み、酔ってむやみに怒ってはならない。感情が不安定な状態では収拾がつかず、大きな失態を招く。酒はほどほどに。三つ、好調だからと、あれもこれもと手をひろげすぎない。これも収拾がつかなくなり、失敗に陥る。そして、四つ、何事も詰めが肝心。最後まで手を抜かないことが大事なのはいうまでもないだろう。

失敗しないためには
調子に乗って安請け合いしない
酒に酔って怒らない
あれもこれもと手をひろげすぎない
最後まで手を抜かない

調子に乗って安請け合い
松ちゃん頼もしいね
大丈夫！
僕にド～ンとまかせなさい！
酒に酔って怒る
オレのどこが酔ってるって言うんだ！
手をひろげすぎる
え～と あれもやって これもやって…
最後に手を抜く
もう面倒だ
そして
失敗…

蝸牛の角の上

「石火光中に、長を争い短を競う、幾何《いくばく》の光陰ぞ。蝸牛《かぎゅう》角上に、雌《し》を較《くら》べ雄《ゆう》を論ず、許大《きょだい》の世界ぞ」

（後集一三）

訳

人の一生は石火のように一瞬であるのに、どちらが長いか短いかと、つまらないことを争っている。いったい、どれほどの時間か、つかの間の命ではないか。蝸牛《かたつむり》の角《つの》の上のようなごく狭いところで、勝った負けたと争っている。いったい、どれほどの大きさの場所か、ごくちっぽけな世界ではないか。

第5章

日々の生活において

日々をどう過ごすべきか?

暇なときも ぼんやりと時を過ごさない

閒中《かんちゅう》に放過せざれば、忙処に受用あり。静中に落空せざれば、動処に受用あり。暗中に欺隠《ぎいん》せざれば、明処に受用あり。

閒中不放過、忙処有受用。静中不落空、動処有受用。暗中不欺隠、明処有受用。

（前集八五）

訳　暇なときでも、ただぼんやりと時を過ごさないようにすれば、多忙なときにそれが役立つ。平安な（休んでいる）ときでも、時間を無駄にしなければ、活動するときにそれが役立つ。人に見られていないところでも、他人をあざむき、悪事をかくすことをしないようにすれば、人前に出たときにそれが役立つ。

暇なとき、どのように過ごしているか?

暇なときでも、休んでいるときでも、ぼんやりしたり、時間を無駄にしたりしてはならない。その効用が、いざ忙しくなったり、仕事が始まったりしたときに現れるのだという。

暇なとき、どのように過ごしているだろうか? ときには、ぼんやりと過ごすことも必要だろう。だが、いつもぼんやりとしていると、いざ何かあったときに対応できなくなるのかもしれない。**ふだんからの心がけが大切**ともいえよう。あらためて、日々の生活において、暇なとき、休んでいるときの時間の使い方を考えてみてはどうだろうか。

いざというときに効用が現れる

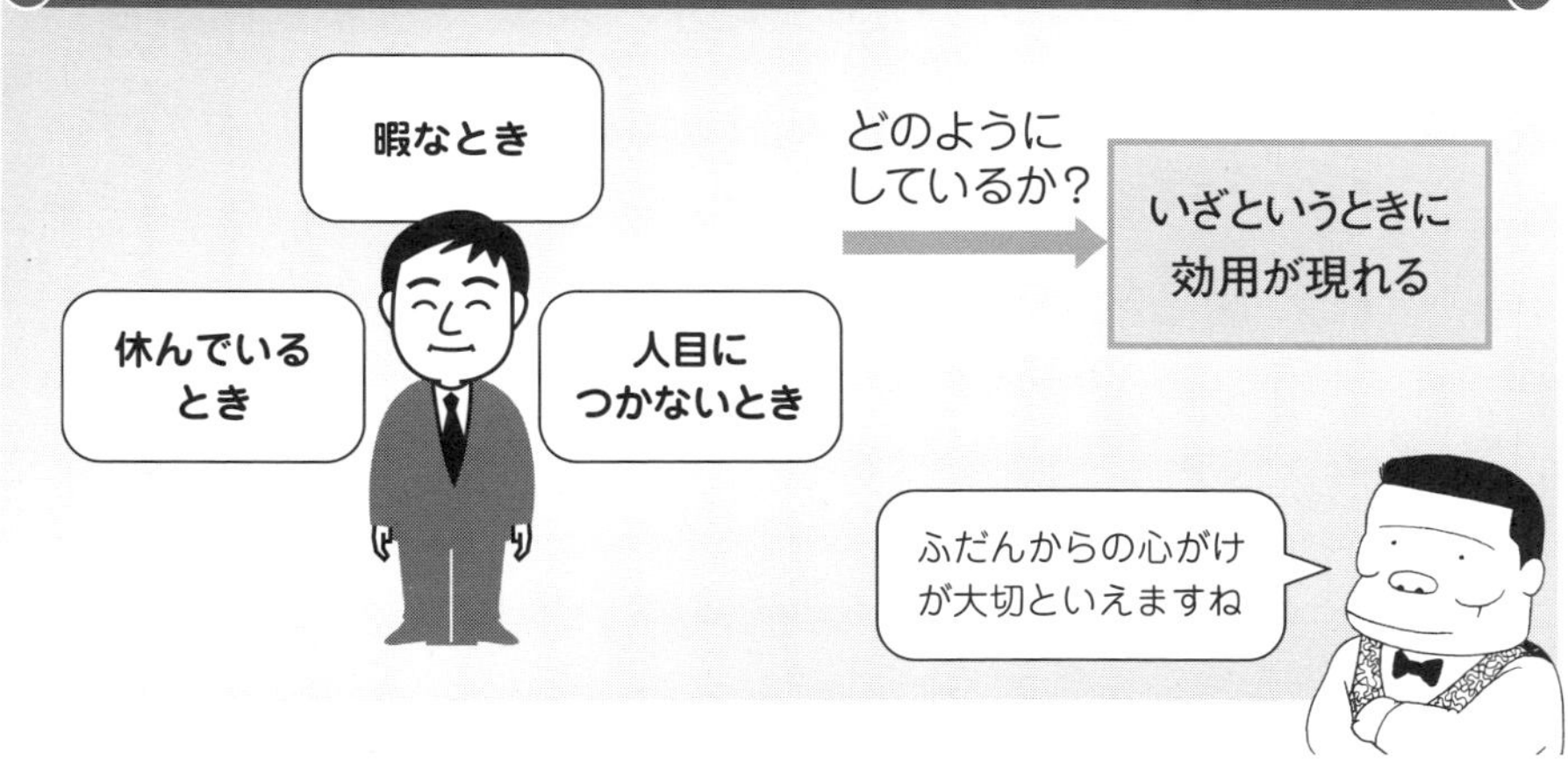
暇なとき
休んでいるとき
人目につかないとき
どのようにしているか?
いざというときに効用が現れる
ふだんからの心がけが大切といえますね

たまには音楽を聴いてぼんやり過ごすのもいいもんだね
松ちゃんはいつもじゃない?

たまにはぼんやり過ごすのもよいが、いつもぼんやりというのは問題である。

突っ走ろうとする自分を見るもう一人の自分

怒火慾《よく》水《すい》の正《まさ》に騰沸するの処《ところ》に当たりて、明々に知得し、また明々に犯着《はんちゃく》す。知る的《もの》は是れ誰ぞ、犯す的はまた是れ誰ぞ。此の処能《よ》く猛然として念を転ずれば、邪魔便《すなわ》ち真君とならん。

当怒火慾水正騰沸処、明明知得、又明明犯着。知的是誰、犯的又是誰。此処能猛然転念、邪魔便為真君矣。

（前集一一九）

訳 烈火のような怒りと洪水のような欲情が沸き立ったとき、自分の心は、それをはっきりと知っていて、また知っていながらそのまま突っ走ろうとする。このとき、そのはっきりと知る者はだれであろうか、またそのまま突っ走ろうとする者はだれであろうか。ここで忽然《こつぜん》として思い返すことができれば、邪念はたちまち一変して、本来の心となるだろう。

自分の中のもう一人の自分

一人の人間の中に、二人の自分がいる。暴走しそうなとき、それに気がついている自分と、そのまま突っ走ろうとする自分である。それを認識し、思い返すことができれば暴走を抑制できるということなのだろう。

日常の生活でも、仕事上でも、よからぬ方向に進もうとしたり、暴走しそうになったりしたときに、もう一人の自分について考えてみてはどうだろうか。もう一人の自分が、突っ走ろうとする自分を冷静に見つめることによって、暴走を抑えることができるはずだ。自分の中にいる**「もう一人の自分」**を、ふだんから意識しておくとよいだろう。

二人の自分

暴走しそうなとき
そのまま突っ走ろうとする自分
暴走に気づいている自分
自分

たまには
ワインも いいね
そうでしょう
マスター もう一杯 ちょうだい！
いや 待てよ ちょっと 飲みすぎかな…
今日は これくらいに しておこう

突っ走ろうとする自分を冷静に見つめるもう一人の自分。

十分な満足も瀬戸際も ともに危険な状態である

盈満《えいまん》に居る者は、水の将《まさ》に溢《あふ》れんとして未《いま》だ溢れざるが如し。切に再《ふたた》び一滴を加うることを忌む。危急に処《お》る者は、木の将に折れんとして未だ折れざるが如し。切に再び一搦《だく》を加うることを忌む。

居盈満者、如水之将溢未溢。切忌再加一滴。処危急者、如木之将折未折。切忌再加一搦。

（前集二〇二）

訳　十分に満ち足りた状態の人は、器の水があふれようとしてあふれずにいるようなものである。それ以上、一滴も加えることを嫌い避ける。差し迫った危険な位置にある人は、木が折れようとして折れずにいるようなものである。それ以上、もう一押しも加えることを嫌い避ける。

これ以上ないという状態には注意

十分に満ち足りた状態も、切羽《せっぱ》詰まった瀬戸際の状態も、どちらも危険だという。

日々の生活にしろ、仕事にしろ、不十分で足りない部分があるからこそ、人はそれを求め、努力するのかもしれない。だから、自己を向上させていくことができるのだろう。そう考えると、完全に満たされた状態というのは危険といえよう。もうこれ以上努力・向上の余地がないからだ。もちろん、切羽詰まってギリギリという状態も危険である。もう後がないからだ。つまり、満足も瀬戸際も、**もうこれ以上ないという状態には注意**しなければならないわけだ。

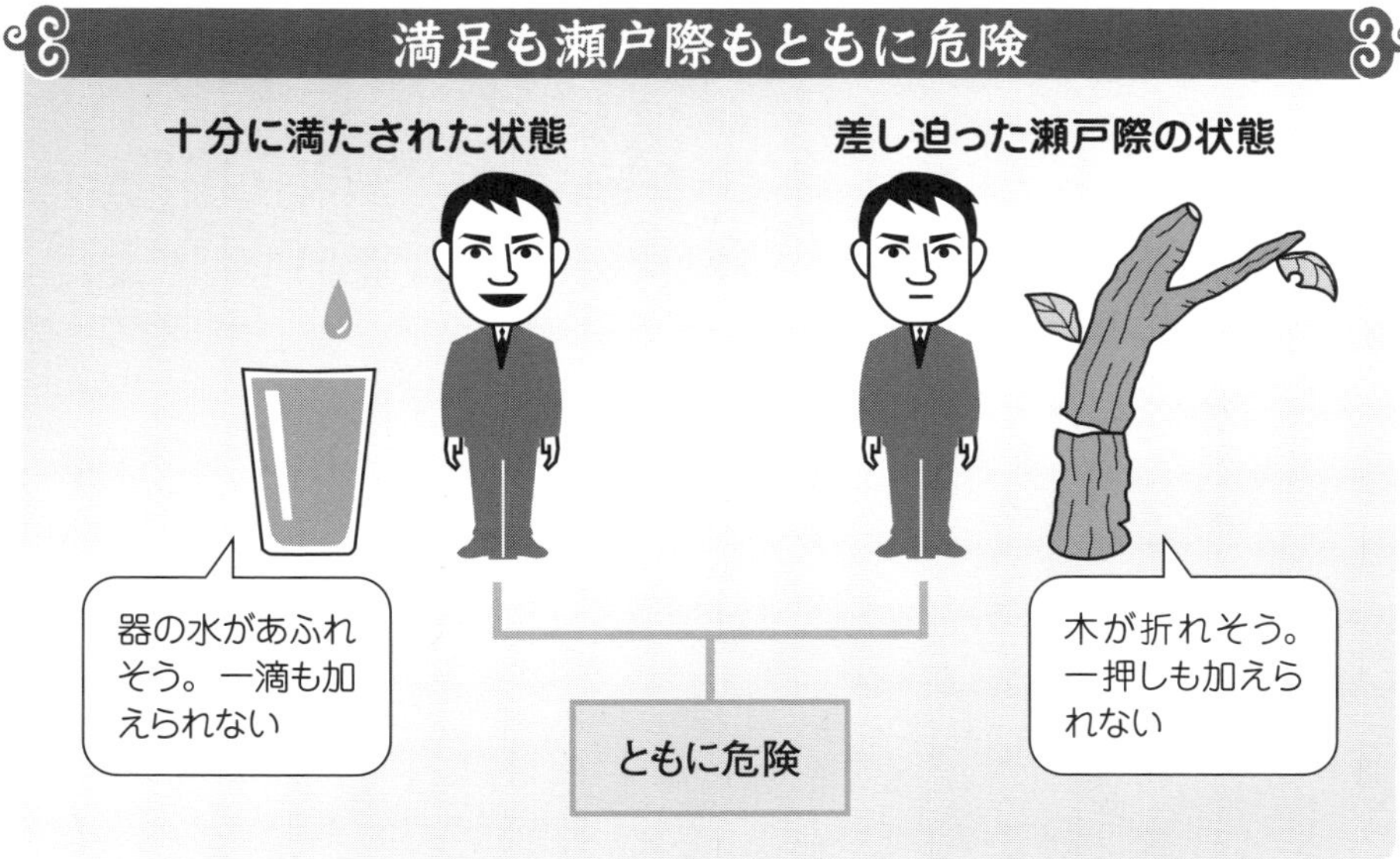
満足も瀬戸際もともに危険
十分に満たされた状態
差し迫った瀬戸際の状態
器の水があふれそう。一滴も加えられない
木が折れそう。一押しも加えられない
ともに危険

十分に満足した状態と切羽詰まった瀬戸際の状態
どちらもこれ以上先がない
だからある意味どちらも危険なわけだよ

「潮時」を心得て宴たけなわで去っていく

笙歌《しょうか》正《まさ》に濃《こま》やかなる処《ところ》、便《すなわ》ち自《みず》から衣を払って長く往き、達人の手を懸崖《けんがい》に撒《さっ》するを羨《うらや》む。更《こう》漏《ろう》已《すで》に残る時、猶然《ゆうぜん》として夜行きて休《や》まず、俗士の身を苦海に沈むるを咲《わら》う。

笙歌正濃処、便自払衣長往、羨達人撒手懸崖。更漏已残時、猶然夜行不休、咲俗士沈身苦海。

（後集一〇四）

訳

音曲や歌声も盛んで酒宴がたけなわとなる頃、そこでさっと自分から立ち上がってその場を去っていく。この様子は、まるで手放しで絶壁の上を歩いているようで、まったくうらやましい。時刻も過ぎ夜もふけてしまったとき、まだふらふらと夜歩きをやめようとしない。この俗人の様子は、自らわが身を欲望の泥沼に沈めていくようで、まったくあさましい。

「潮時」を心得る

宴会のにぎわいが最高潮に達したときに、自分から席を立って引き上げる人の様子を見ると、見事でうらやましく感じる。それに対して、夜もふけたというのに、まだ外をふらふらと歩いている人を見ると、あさましく感じるという。

宴会に限らず、何事にも「**潮時**」というものがある。早すぎてもだめ、遅すぎてもだめ、その絶妙のタイミングが大事なのである。人間、ついついそのタイミングを逸しがちだが、「**潮時**」は、ぜひ心得ておきたいものだ。くれぐれも、夜がふけてふらふらしていることがないように。

潮時
×
早すぎる
×
遅すぎる
○
潮時
絶妙のタイミングが大事

今日はこれで晩酌を終了とします
また寄せてください
こちらこそぜひまたお近くにお寄りになったらお出かけください
渋いなぁ
渋い？
ちょっとやそっとの酒修行じゃああの渋さは出ないよ
ふーん？

これが「潮時」を心得た人物である。

ちょっとしたことが大事を招く小さな問題も見逃さないこと

念頭起こる処、纔《わずか》に欲《よく》路《ろ》上《じょう》に向って去るを覚《さと》らば、便《すなわ》ち挽《ひ》きて理路上より来たせ。一たび起こりて便ち覚り、一たび覚りて便ち転ず。此れは是れ禍を転じて福と為《な》し、死を起こして生を回《かえ》すの関頭なり。切に軽易に放過することなかれ。

念頭起処、纔覚向欲路上去、便挽従理路上来。一起便覚、一覚便転。此是転禍為福、起死回生的関頭。切莫軽易放過。

（前集八六）

訳

自分の心の動きが、私利私欲のほうに行きそうだと気づいたら、すぐに正しい道に引き戻さなければならぬ。迷いが起きたときにはすぐに気づき、気づいたらすぐに改めるようにする。これこそ禍《わざわい》を福に転じ、死を生に変えるきっかけである。決してちょっとした迷いだと軽くみて、見逃してはならない。

問題は小さなうちに解決を

ほんの一瞬のちょっとした気の迷いでも、その後に大きな影響をおよぼすことがある。だから、**小さなことも軽く考えず、見逃してはならない**ということであろう。

大きなトラブルも、ほんのささいなことが発端となっていることがある。最初のちょっとしたことを見逃したために、それが大きな問題へと発展することもあるのだ。だから、問題は小さなうちに発見し、すぐに軌道修正し、大事に至らないようにしなければならない。何事も「ちょっとしたことだから……」と軽く考えず、問題は小さなうちに解決しよう。

ちょっとしたことが大事を招く

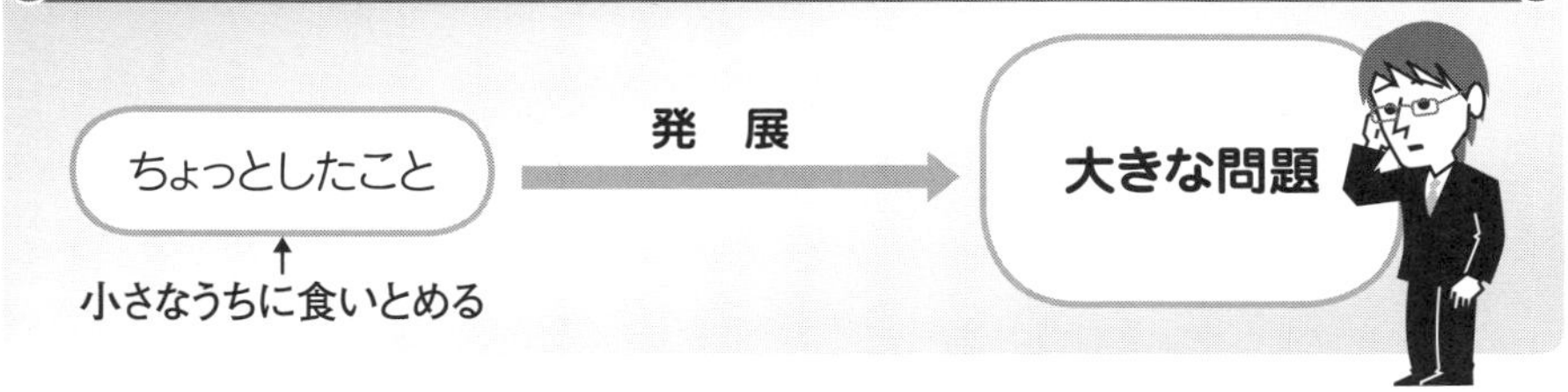
ちょっとしたこと
発　展
大きな問題
小さなうちに食いとめる

小さなミスも見逃しちゃいかん
ええ…ですがそんなにたいしたことでは…
いいや
ほんのささいなことが大きなトラブルに発展することもあるんだ
そうですね軽く考えないようにします

失意のドン底にあっても投げやりにならない

貧家も浄《きよ》く地を払い、貧女も浄く頭を梳《くしけず》れば、景色《けいしょく》は艶麗《えんれい》ならずと雖《いえど》も、気度《きど》は自《おのず》からこれ風雅なり。士君子、一たび窮愁寥《きゅうしゅうりょう》落《らく》に当たるも、奈何《いかん》ぞ輒《すなわ》ち自《みず》から廃弛《はいし》せんや。

貧家浄払地、貧女浄梳頭、景色雖不艶麗、気度自是風雅。士君子、一当窮愁寥落、奈何輒自廃弛哉。
（前集八四）

訳

あばら屋であっても庭をきれいに掃除し、貧しい女性でもきれいに髪をとかせば、外見はあでやかで美しいとはいえないが、品格に自然と趣が出てくるようになる。そこで一人前の男たる者は、万一、困窮の境遇や失意の底に陥ったとしても、どうして安易に自分から投げやりになってよかろうか。

失意の底に突き落とされても

一人前の男たる者、困窮したり、失意の底に落ちたりしても、すぐに自分から投げやりになってはならないということだ。現代社会においても、一人前の社会人たる者、こうありたい。

日常生活でも仕事でも、ときにはうまくいかなかったり、当てがはずれたりして、失意の底に突き落とされることもあるだろう。だが、そんなときに、**ヤケを起こして投げやりになってはならない**。投げやりになったところで、底からはい上がれないし、傷を深くすることにもなるだろう。失意の底にあるときは、逆に堂々としていたいものである。

ドン底にあっても、投げやりにならない

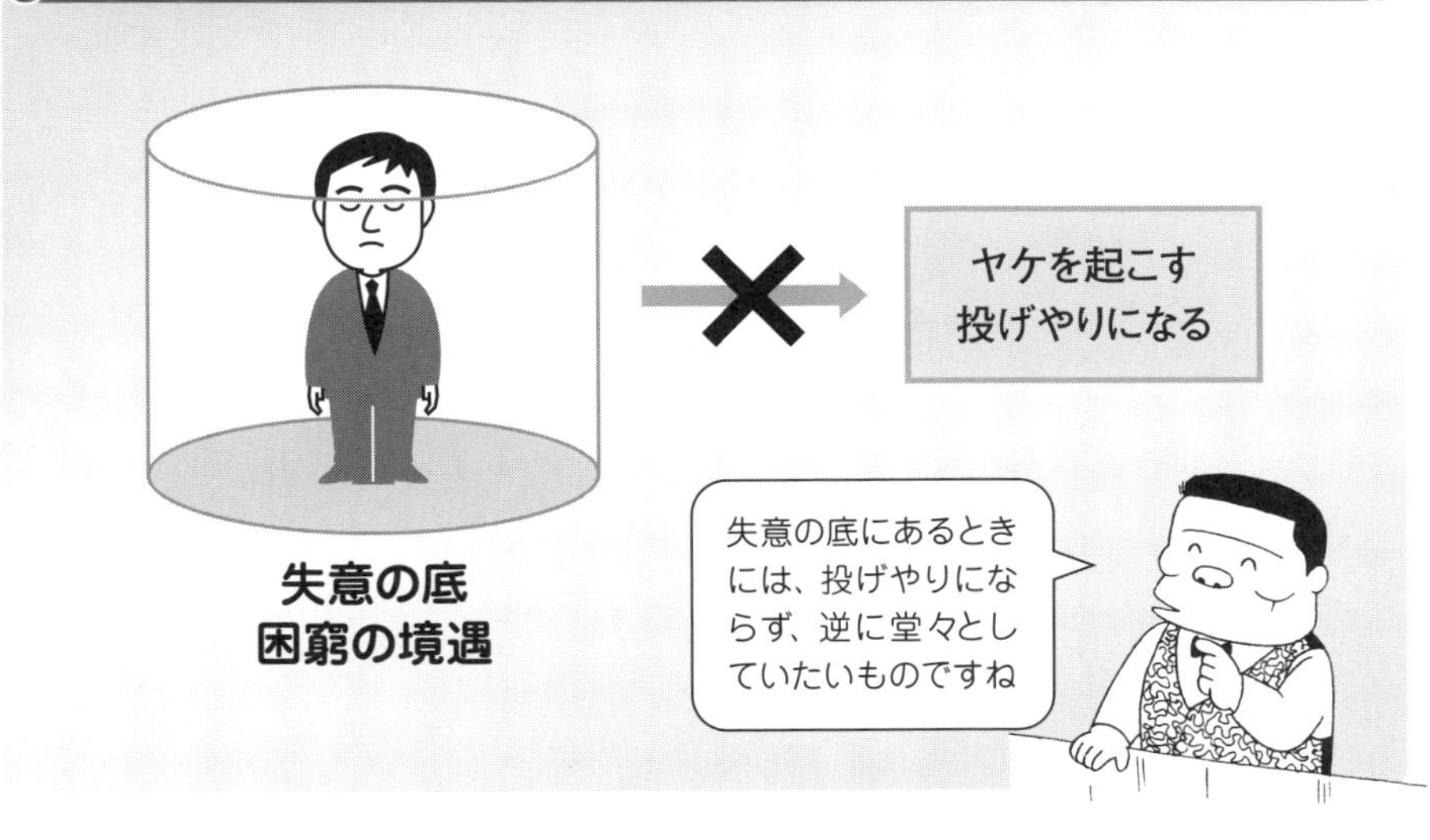
失意の底
困窮の境遇
ヤケを起こす
投げやりになる
失意の底にあるときには、投げやりにならず、逆に堂々としていたいものですね

困窮のときも
失意のときも
ヤケを
起こしたり
投げやりになったり
してはいけない

暇なとき、忙しいときの心の保ち方
「忙中閑あり」、忙しい中のわずかな暇

事なきの時は、心昏《こん》冥《めい》なり易《やす》し。宜《よろ》しく寂《せき》々《せき》にして、照らすに惺《せい》々《せい》を以てすべし。事あるの時は、心奔《ほん》逸《いつ》し易し。宜しく惺々にして、主とするに寂々を以てすべし。

無事時、心易昏冥。宜寂寂而照以惺惺。有事時、心易奔逸。宜惺惺而主以寂寂。

（前集一七二）

訳 身辺無事なときは、えてして心がぼんやりしがちなものである。そのようなときは、心を静かに落ち着け、澄んだ明らかな心の状態にしておかなければならない。身辺多忙なときは、えてして心がはやりがちになるものである。そのようなときは、心を澄まし明らかにして、静かに落ち着かせることを中心にすべきである。

多忙を極めているときには

暇なときは心がぼんやりとしやすい。だから、心を落ち着かせて意識をすっきりさせておかなければならない。忙しいときには、気持ちが浮ついたりしやすい。だから、意識をすっきりさせながら心を落ち着かせなければならない、という。

現代社会では、多くのビジネスパーソンが多忙を極めているのではないだろうか。人間、忙しいときには、気がはやったり、心が浮ついたりするものだ。それがミスにつながることも。

「**忙中閑あり**」、忙しい中にも、わずかな暇はある。その**一瞬の暇に心を落ち着かせたい。**

「忙中閑あり」、一瞬の暇に心を落ち着かせる

多忙
わずかな暇
ここで
心を落ち着かせる

ウーン
いい香り…
忙中閑あり
この一杯で
心を
落ち着かせる
それじゃ 社長
行ってまいります
おお!
しっかり
がんばってこい!

よい評判も悪い評判も鵜呑みにはしないこと

悪を聞いては、就《すなわ》ち悪《にく》むべからず、恐らくは讒《ざん》夫《ぷ》の怒りを洩《も》らすを為《な》さん。善を聞いては、急に親しむべからず、恐らくは奸《かん》人《じん》の身を進むるを引かん。

聞悪、不可就悪、恐為讒夫洩怒。聞善、不可急親、恐引奸人進身。

（前集二〇五）

訳　人の悪事を聞いても、それを鵜《う》呑《の》みにして憎むようなことをしてはならない。それは、告げ口をして人を陥れるような人が、自分の怒りを晴らすために言っているかもしれないからだ。人の善行を聞いても、急に親しむようなことをしてはならない。なぜなら、悪賢い人が出世したいために、自分でよい評判を立てたのかもしれないからだ。

評判を鵜呑みにしない

人の悪い評判を聞いても、それを鵜呑みにしてはならない。それは、人を陥れようとする者による非難かもしれないからだ。また、**人のよい評判を聞いても、それを鵜呑みにしてはならない。**それは、悪賢い者が自分で評判を流しているかもしれないからだ、という。

人の評判を耳にする機会があるだろう。その評判を鵜呑みにしていないだろうか。もしそうであれば危険である。人の評判はあてにならない。誇張された情報が伝えられたり、意図的に噂が流されたりしている場合もあるからだ。評判の出どころや真偽を確認するべきであろう。

評判を鵜呑みにせず、確認を

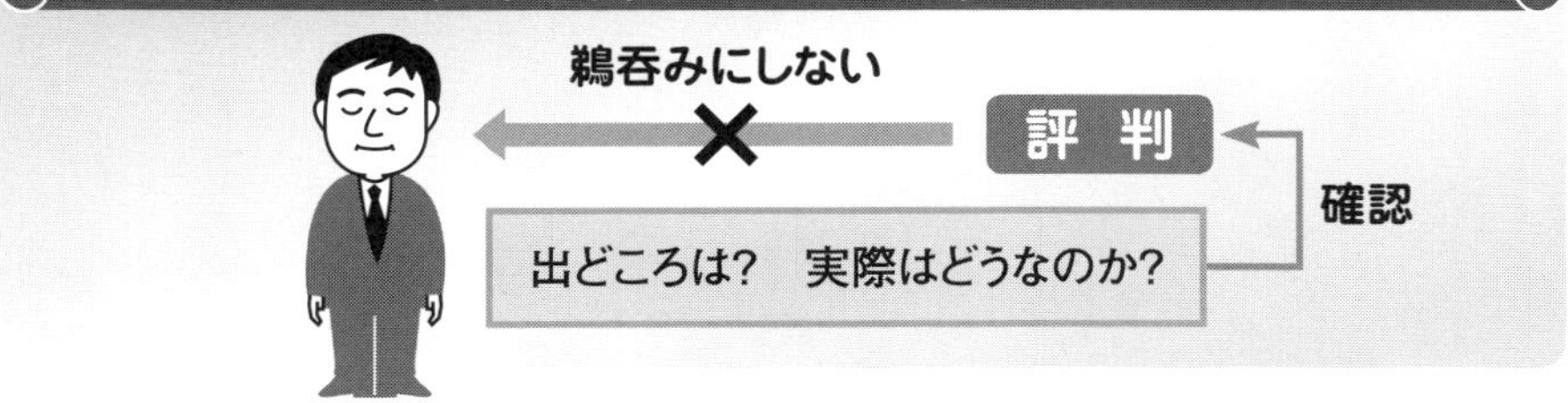
鵜呑みにしない
評判
確認
出どころは?　実際はどうなのか?

ちょっと小耳にはさんだのですが
ん なんだい?
A社の社長って
とてもワンマンで頑固な人らしいですね
人の噂や評判は当てにならない安易に信じないほうがいいな

自分と他人を前向きに比較すること

事やや払逆《ふつぎゃく》せば、便《すなわ》ち我に如《し》かざるの人を思えば、則《すなわ》ち怨尤《えんゆう》自《おのず》から消えん。心やや怠荒せば、便ち我より勝《まさ》れるの人を思えば、則ち精神自から奮《ふる》わん。

事稍払逆、便思不如我的人、則怨尤自消。心稍怠荒、便思勝似我的人、則精神自奮。

（前集二一二）

訳

物事が少しばかり思うようにならないときは、自分より条件の悪い人のことを思えば、不平不満の心は自然と消えるであろう。怠け心が生じたときは、自分よりすぐれた人のことを思えば、心は自然と奮《ふる》い立ってくるであろう。

自分と他人の比較のしかた

自分と他人との比較、なるほど、そのとおりと思える言葉だ。

日々の生活において、思うようにならないとき、やる気が出ないとき、まわりを見回してみよう。自分よりもっと苦戦している人や懸命にがんばっている人はいないだろうか。そのような人たちと自分とを比べ、相対的に考えてみよう。そうすれば、前向きな気持ちになれるだろうし、やる気もわいてくるだろう。

自分と他人とを比べるときは、他人のことをうらやましく思うのではなく、**『菜根譚』式の前向きな比較**を心がけよう。

自分と他人を前向きに比較

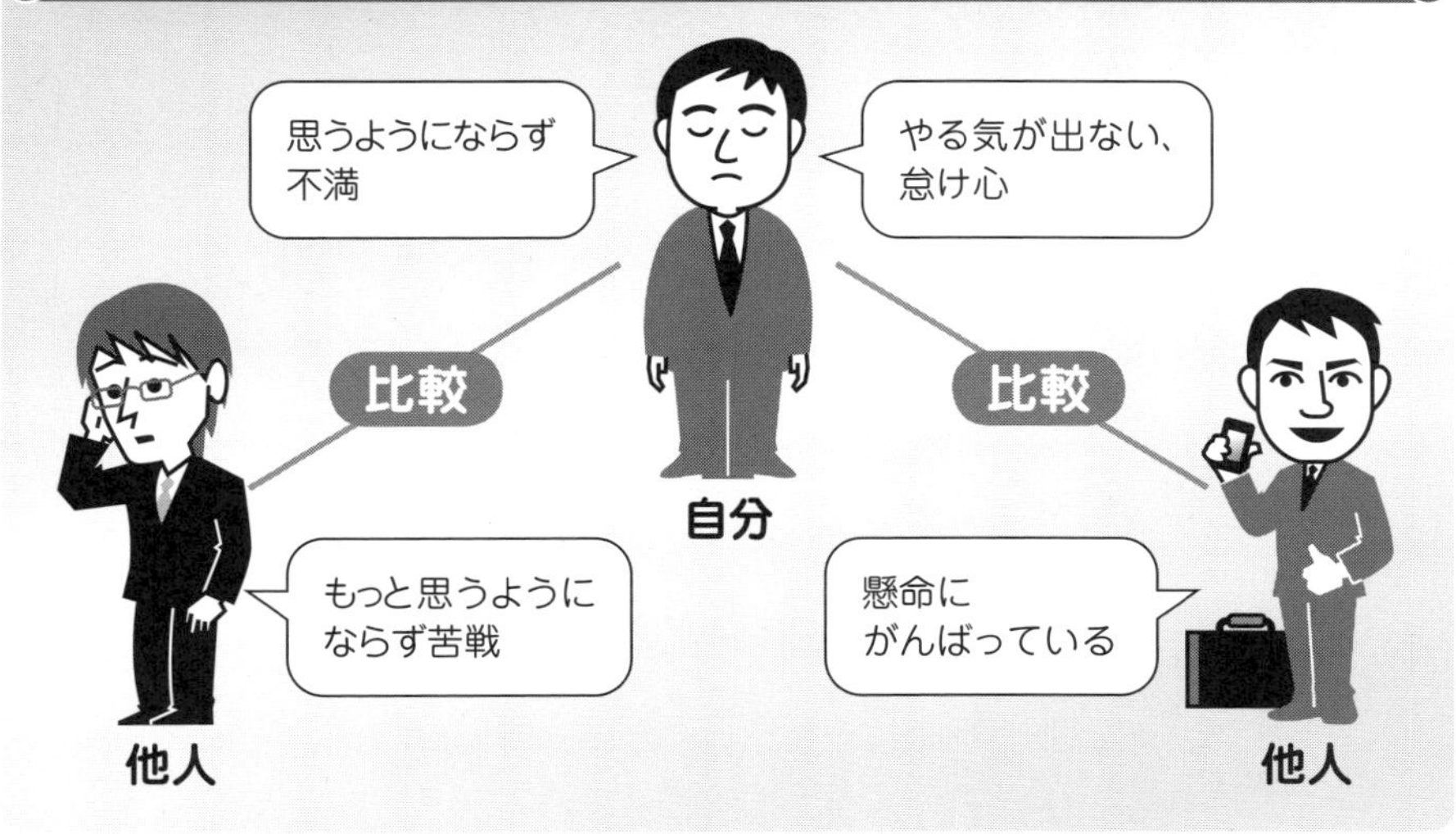
思うようにならず不満
やる気が出ない、怠け心
自分
比較
比較
他人
もっと思うようにならず苦戦
懸命にがんばっている
他人

厳しい師匠でね
修行時代はよしと言われるまで何十回もウイスキーを顔にかけられた…
マスターって根性あるんですね
僕はマスターに比べると まだまだもっとがんばらないと…

前向きに比較し、やる気を出す。

「清濁併せ呑む」広い度量を持つ

身を持するは、太《はなは》だ皎潔《こうけつ》なるべからず。一切の汚辱垢穢《こうあい》をも、茹納《じょのう》し得んことを要す。人に与《くみ》するは、太だ分明なるべからず。一切の善悪賢愚をも、包容し得んことを要す。

持身、不可太皎潔。一切汚辱垢穢、要茹納得。与人、不可太分明。一切善悪賢愚、要包容得。

（前集一八五）

訳

世渡りでこの身を安全に保っていくには、あまり潔癖すぎてはならない。一切の汚れやけがれをも、すべて飲み込むようでありたい。人と交わるには、あまり好き嫌いをはっきりさせすぎてはならない。一切の善も悪も、賢も愚も、すべて包容することができるようでありたい。

包容力と広い度量を持つ

世渡りでは、あまり潔癖すぎてはならず、汚れやけがれまですべて腹におさめなければならない。人間関係では、好き嫌いの感情を表に出さず、すべてを受け入れる包容力を持て、という。

現代社会においても必要なことであろう。清らかなのはよいことではある。だが、あまりに清らかで潔癖すぎると、生きていくうえで、何かにつけて角が立つのではないだろうか。ある程度の汚れやけがれを許容することができたほうがよいだろう。「**清濁併せ呑む**」。分け隔てなく、多くを受け入れることができる包容力、広い度量を持ちたいものだ。

ときには静かな環境に身を置く

時、喧雑《けんざつ》に当たれば、則《すなわ》ち平日記憶するところのものも、皆漫然として忘れ去る。境、清寧に在れば、則ち夙昔《しゅくせき》遺忘するところのものも、また恍爾《こうじ》として現前す。見るべし、静躁稍《せいそうやや》分るれば、昏明頓《こんめいとみ》に異なるを。

時当喧雑、則平日所記憶者、皆漫然忘去。境在清寧、則夙昔所遺忘者、又恍爾現前。可見、静躁稍分、昏明頓異也。

（後集三八）

訳

騒がしくごたごたしているときには、ふだん記憶していることまで、全部うっかりと忘れてしまう。これに対して、さっぱりして安らかな環境にいるときには、昔に忘れてしまったことまで、またありありと思い出すものである。してみると、環境が静かであるか騒がしいかの、ほんのわずかな分かれで、記憶がぼんやりしたり、はっきりしたりするのである。

静かな環境に身を置くと

ごたごた騒がしい環境では、ふだん記憶していることまで、うっかり忘れてしまう。静かで落ち着いた環境では、忘れていたことまで、鮮やかに思い出す。静かな環境にいるか、騒がしい環境にいるか、その違いが記憶に影響するのだという。

ときには、**静かな環境に身を置くようにしたい**。そうすれば、忘れかけていたことを思い出すことができるかもしれない。あわただしく騒がしい現代社会において、静かな環境に身を置くことは難しいことではあるが、少しでいいからそうした時間をつくりたいものだ。

いつも騒がしいところにいるのではなくときにはこうした静かな環境に身を置いてみるのもいいですよ
ええ忘れていたことを思い出せるような気がします

騒がしい環境と静かな環境

騒がしい環境
静かな環境
記憶していることまで忘れる
忘れていたことを思い出す

人情の哀しさ

「饑うれば則ち附き
飽けば則ち颺り
煥かなれば
則ち趨き
寒ければ則ち
棄つるは
人情の通患なり」
空腹のときは
まつわりつき
満腹すれば
離れていく
裕福なときは
せっせとやってきて
落ち目になると
見捨て去っていく…
人情とは
哀しい
ものだ…
じゃあ
僕はすでに
落ち目？
見捨てられて
いる？　なんか
落ち込むなあ

「饑《う》うれば則《すなわ》ち附《つ》き、飽けば則ち颺《あが》り、煥《あたた》かなれば則ち趨《おもむ》き、寒ければ則ち棄つるは、人情の通患なり。君子は宜しく当《まさ》に冷眼を浄拭《じょうしょく》すべし。慎んで軽《かるがる》しく剛腸を動かすことなかれ」

（前集一四三）

訳

空腹のときはまつわりつき、満腹になると離れていってしまう。裕福であるときはやってきて、落ち目になると見捨て去ってしまう。これが人情の通弊《つうへい》である。だから君子たる者は、冷静な眼をさらに清めて直視せよ。そして慎んで軽々しくその信念を変えてはならない。

第6章

人の上に立つ

人の上に立つ者として、どうあるべきか？

はじめが肝心 最初は厳しい態度で

恩は宜《よろ》しく淡よりして濃なるべし。濃を先にし淡を後にすれば、人は其の恵を忘る。威は宜しく厳よりして寛なるべし。寛を先にして厳を後にすれば、人は其の酷を怨《うら》む。

恩宜自淡而濃。先濃後淡者、人忘其恵。威宜自厳而寛。先寛後厳者、人怨其酷。

（前集一六七）

訳 人に恩恵を施すときは、はじめはあっさりで、後に手厚くするのがよい。先に手厚くして、後であっさりすると、人はその恩恵を忘れるものである。人に威厳を示すときは、はじめは厳しくして、後にゆるやかにするのがよい。先にゆるやかにして、後で厳しくすると、人はその厳しさをうらむものである。

はじめが肝心である

部下を統率する際などに参考になる教えといえよう。部下には、はじめは厳しい態度で接し、厳格に対応する。部下がその状態に慣れていくにしたがって、徐々に厳しさをやわらげていく。そうすればスムーズに部下を統率することができるであろう。

逆に、はじめに甘い顔をして、優柔不断な対応をとった場合はどうなるだろうか？　徐々に厳しくしようとしても、そうはいかない。後で厳しくすれば部下たちは反発し、上司を非難するであろう。そうなると統率どころではない。

要は「**はじめが肝心**」ということである。

部下を統率する場合
はじめ
慣れていくにしたがって
徐々に
後で
厳しい態度
厳格な対応
上司
上司
やわらげる
部下
部下

よし　みんな早く仕事を進めてくれ
統率がとれない
ガヤ
ガヤ
ガヤ

はじめに甘い顔を見せると、後で厳しく接しても部下の統率はとりにくい。指示をしても、部下はそれに従わなくなる。

名誉は自分だけのものにせず人にも分けてやるべき

完名美節《かんめいびせつ》は、宜《よろ》しく独り任ずべからず。些《いささ》かを分《わか》って人《ひと》に与うれば、以て害を遠ざけ身《み》を全《まっと》うすべし。辱行汚名《じょくこうおめい》は、宜しく全く推すべからず。些かを引いて己《おのれ》に帰すれば、以て光を韜《つつ》み徳を養うべし。

完名美節、不宜独任。分些与人、可以遠害全身。辱行汚名、不宜全推。引些帰己、可以韜光養徳。

（前集一九）

訳　名誉は自分一人だけで独占してはならない。少しはほかの人に分けてやるようにすれば、ふりかかる危難を遠ざけ天寿を全うすることができる。悪い評判は、全部が人の責任だと推《お》しつけてはならない。少しは自分もかぶるようにすれば、自分の才能をあまりひけらかすことなく、人格を磨き高めることができる。

人の上に立つ者の心得

名誉は独り占めせず、他人に分けてやる。汚名は他人に押しつけるのではなく、自分もかぶるということである。**人の上に立つ者の心得**としたい教えだ。

仮に業績がよく、自分が評価を受けたとしても、その名誉を自分だけで独占してはならない。部下やまわりの支えがあったからこその評価と考え、感謝の念を抱くべきであろう。ましてや、自分だけの功績のような態度をとってはならない。

また、部下が失敗し、非難を浴びたときは、部下だけのせいにしてはならない。上司としての責任がある。自分も進んで責任をとるべきであろう。

名誉と汚名

名誉
分け与える
自分
他人
汚名
自分もかぶる
自分
他人

会議室
A－5
寺田クン
例の仕事の
件なんだが…
彼の失敗は
僕の責任でも
あります
うん
寺田クン
そうだ
それでこそ
人の上に立つ
者だ
よく言った！

重要な地位にあるときには毒針に刺されないように注意

士君子、権門要路に処《お》れば、操《そう》履《り》は厳明なるを要し、心気は和《わ》易《い》なるを要す。少しも随《したが》いて腥《せい》羶《せん》の党に近づくことなく、また過激にして蜂蠆《ほうたい》の毒を犯すことなかれ。

士君子処権門要路、操履要厳明、心気要和易。毋少随而近腥羶之党、亦毋過激而犯蜂蠆之毒。

（前集一七四）

訳 君子たる者、権力の座にあり、重要な地位に就いたときは、言行は厳しく公明にして、しかも、気持ちはおだやかでやさしくせよ。うかうかと腹黒いやからに近づいてはいけない。また、つい過激になって、蜂やサソリのような小人どもの毒に刺されてはならない。

厳正かつおだやかに

要職にあるときの心得である。厳しく公正な姿勢を貫くとともに、おだやかで親しみやすい態度を取らなければならない。そして、うかうかと私利私欲のやからに近づいてはいけないし、ついつい度が過ぎて、つまらないものに手をかまれたりしてはならないという。

上に立つ者の**言動は、厳しく公正**でなければならず、かつ**気持ちはおだやかで、親しみやすい態度**を心がける。現代のリーダーにも望まれる姿勢だ。そして、「つい度が過ぎて……」ということがないよう注意しなければならない。とくに重要なポストに就いたときの心得としたい。

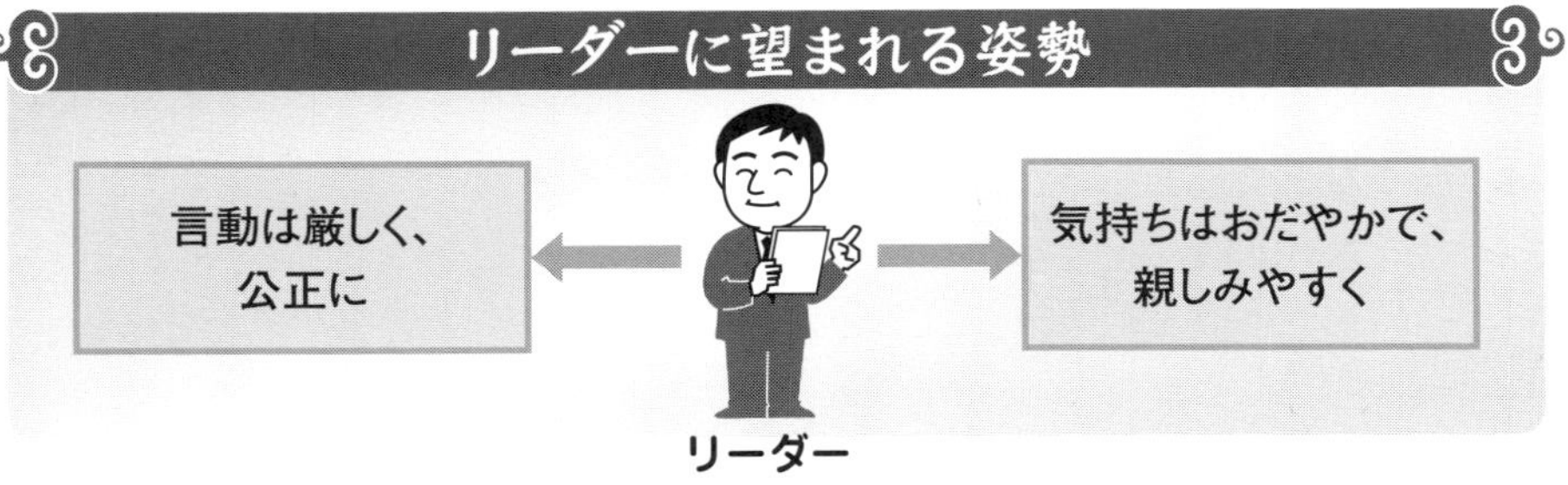
リーダーに望まれる姿勢
言動は厳しく、公正に
気持ちはおだやかで、親しみやすく
リーダー

飲みすぎましたか
度が過ぎた…

度が過ぎることがないよう、注意しなければならない。

相手の悪いところを指摘しつつ よいところを見出し評価する

人を責むる者は、無過《むか》を有過の中に原《たず》ぬれば、則《すなわ》ち情平らかなり。己を責むる者は、有過を無過の内に求むれば、則ち徳進む。

責人者、原無過於有過之中、則情平。
責己者、求有過於無過之内、則徳進。
（前集二一八）

訳

人の過失を責めるときには、過失の中から過失でない部分を探し出し、評価してやる。そうすれば、相手の心の中に不満は起きない。自分の過失を責めるときには、過失がない中から過失を探し出し、反省するようにする。そうすれば、自分の修行は向上する。

部下の指導の際に役立つ巧みな人間関係術

人の責任を問いただそうというときには、過失を指摘しつつ、過失ではないところを見出し評価するようにする。そうすれば相手は不満に思わない。また、自分が反省するときには、過失のない中からも、あえて過失を探し出して反省する。そうすれば人間的に成長するのだという。

人間、悪いところだけを指摘されると不満に思うものだ。**悪いところを指摘しつつ、相手のよいところも見出し、評価する。**そうすれば、相手もそれほど悪くは思わないはずだ。**巧みな人間関係術**であり、部下を指導する際にも役立つものといえよう。

悪いところを指摘しつつ、同時によいところを見出す

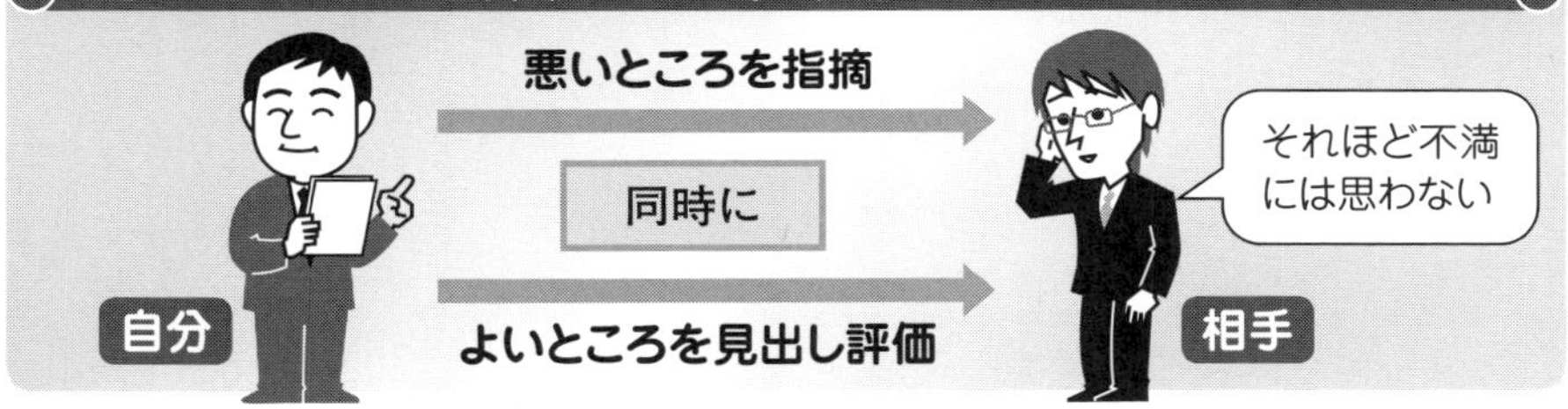
悪いところを指摘
同時に
よいところを見出し評価
それほど不満には思わない
自分
相手

あー失敗した～！
どうしてこうなるんだろう
それは松ちゃんが時間にルーズであきっぽくて…
またまた
そうやって僕の悪いところばかり指摘するんだから！
たまには僕のよいところにも気づいてほしいもんだね
ハハハごめんごめん

リーダーたるもの春風のような存在でありたい

念頭の寛厚なる的《もの》は、春風の煦《く》育《いく》するが如く、万物これに遭《あ》いて生ず。念頭の忌刻《きこく》なる的は、朔雪《さくせつ》の陰凝《いんぎょう》するが如く、万物これに遭いて死す。

念頭寛厚的、如春風煦育、万物遭之而生。念頭忌刻的、如朔雪陰凝、万物遭之而死。

（前集一六〇）

訳 心がゆったりとして豊かな人は、春風が万物を育てるように、すべてのものがそのおかげで成長する。心が残忍な人は、北地の雪が万物を凍りつかせるように、すべてのものが、そのために死に絶えてしまう。

春風のような存在。いいですね

心の温かさが求められる

心の温かい人、心の冷たい人について言ったものである。寛大で心の温かい人のもとでは、すべてのものが成長する。そして、心の冷たい人のもとでは、すべてのものが枯れ絶えてしまう。

現代のビジネス社会においても、心の温かさは求められるだろう。とくに**リーダーには、寛大でゆったりとした温かな心が求められる**。上に立つ人間が冷たければ、下の者は成長しない。いや、それ以前に、そうした人間のまわりには、人が寄りつかないだろう。

リーダーたるもの、**春風のような存在でありたい**。部下たちがすくすくと成長するように。

心温かく
春風のような
存在でありたい

心の温かい人と心の冷たい人

心の温かい人
上司
部下たちが
成長する
心の冷たい人
上司
部下たちが
離れていく

部下を自由にしておき 自発的な変化を待つ

事はこれを急にして白《あき》らかならざるものあり、これを寛にせば或《あるい》は自《おのず》から明らかならん、躁急《そうきゅう》にして以て其の忿《いか》りを速《まね》くことなかれ。人はこれを操《と》りて従わざるものあり、これを縦《はな》てば或は自から化せん、操ること切にして以て其の頑《がん》を益《ま》すことなかれ。

事有急之不白者、寛之或自明、毋躁急以速其忿。人有操之不従者、縦之或自化、毋操切以益其頑。

（前集一五二）

訳

物事は、あまりせっかちになっても、明らかにならないことがある。かえって、これをゆっくりにすれば、自然と明らかになることもある。あまりあわただしく急いでやって、人の怒りを招いてはならない。人を使おうとしても、容易に従わない者がいる。かえって、これを自由にしておけば、自然と変わってくることもある。あまり無理に使おうとして、相手を頑固にしてはならない。

部下操縦の秘訣の一つ

物事には、あわてててやってもうまくいかないことがあり、ゆっくりやったほうがよい場合がある。人を使うときにうまくいかない場合は、放っておいて、自由にさせておく。そうすれば、自発的に変化することもあるという。

部下を使う際に、思うように部下が動いてくれないときは、あまり口を出さず、自由にさせておいたほうがよい場合もあるだろう。そうすれば、部下に自主性が生まれ、自発的に動くようになるかもしれない。状況にもよるが、**部下操縦の秘訣**の一つといえよう。

思うように動いてくれない部下に対して

自由にさせておく
自主性が生まれ、自発的に動く
※ただし、状況にもよる。口を出さないと、ますます動かなくなる場合もあるかもしれないので注意が必要。
上司
思うように動いてくれない部下

部下を自由にさせておいたほうがよい場合もありますよなぜなら
自由にさせておくと部下に自主性が生まれて自発的に行動するようになることもあるからです

その地位にあれば それなりの責任を果たさなければならない

春至り時和《やわ》らげば、花なお一段の好色を鋪《し》き、鳥且《ま》た幾句《いくく》の好音を囀《てん》ず。士君子、幸いに頭角を列《つら》ね、復《ま》た温飽《おんぼう》に遇《あ》う。好言を立て好事を行なうことを思わざれば、これ世に在《あ》ること百年なりと雖《いえど》も、恰《あたか》も未《いま》だ一日をも生きざるに似たり。

春至時和、花尚鋪一段好色、鳥且囀幾句好音。士君子幸列頭角、復遇温飽。不思立好言行好事、雖是在世百年、恰似未生一日。（前集六〇）

訳　春が来て気候もやわらぐと、花も一段と美しいいろどりとなり、鳥もまたいろいろの美しい鳴き声でさえずるようになる。士君子として、幸い高い地位にいて、また衣食にも満ち足りている状態であるのに、世の中のためになる立派な言葉を述べ、立派な仕事をすることを考えなければ、たとえ百年の長生きをしたとしても、ただの一日も生きたという値打ちさえないのと同じになる。

その地位にふさわしい責任を果たしているか？

士君子とは、しかるべき地位にある人のことである。社会的な地位が高い者は、社会に対してそれなりの責任を果たさなければならない。そうしなければ、生きている値打ちがないのだという。

会社組織においても、高い地位・立場にあればあるほど、会社、さらには社会に対しての責任があるといえよう。地位にあぐらをかいて、日々を過ごすようなことがあってはならないのはもちろんだが、現状の自分の地位や立場において、ふさわしい責任を果たしているかどうかを考えてみることも必要であろう。

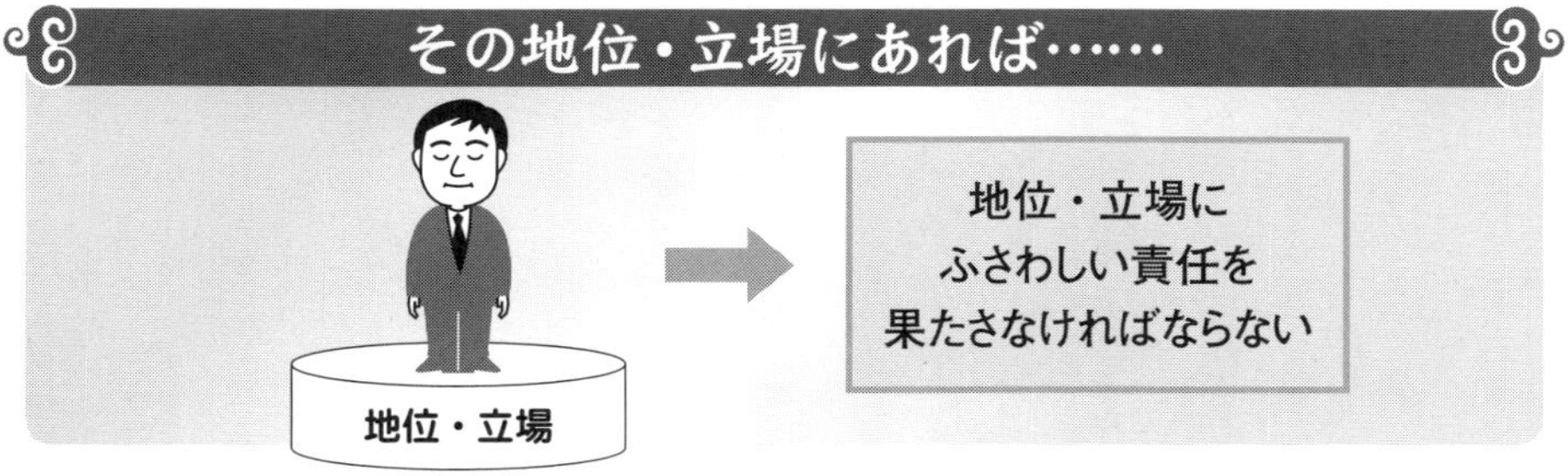
その地位・立場にあれば……
地位・立場
地位・立場に
ふさわしい責任を
果たさなければならない

ギィ…
いらっしゃい
社長 元気ないですね
私は 自分の責任を
果たしているのか と思ってね…

部下に対する上司の心得
評価をあいまいにしない

功過は少しも混ず容《べ》からず、混ずれば則《すなわ》ち人、惰堕《だき》の心を懐《いだ》かん。恩仇《おんきゅう》は太《はなは》だ明らかにすべからず、明らかなれば則ち人、携《けい》弐《じ》の志を起こさん。

功過不容少混、混則人懐惰堕之心。
恩仇不可太明、明則人起携弐之志。
（前集一三六）

訳

部下の功績と過失の評価は、少しもあいまいにしてはならない。もしも、あいまいにすると、部下は怠け心を起こすようになる。好悪の感情は、はっきりしすぎてはならない。もしも、はっきりしすぎると、部下は離れ、そむく心を起こすようになる。

評価はあいまいにせず、好き嫌いは表に出さない

部下に対する上司の基本的な心得ともいうべき教えである。**部下の評価は厳正に行わなければならない。**規準を厳格に守って公正に行うよう努めるのだ。評価をあいまいにすると、部下はいい加減になったり、やる気をなくしたりするだろう。評価される側の立場に立ってみると、当然のことである。

また、部下に対して**好き嫌いの感情をあからさまにすべきではない。**あからさまにすれば、部下は反感を抱くことになる。好き嫌いで評価される部下の立場に立ってみると、これも当然のことといえよう。

好き嫌いで部下を評価するようなことがあってはならない。

部下指導のテクニック
相手が受け入れられる程度の叱責

人の悪を攻むるは、太《はなは》だ厳なることなかれ、その受くるに堪えんことを思うを要す。人を教うるに善を以てするは、高きに過ぐることなかれ、当《まさ》にそれをして従うべからしむべし。

攻人之悪、毋太厳、要思其堪受。教人以善、毋過高、当使其可従。

（前集二三）

訳

人の悪を責めるときには、あまり厳しすぎてはならない。相手がそれを受け入れられる程度かどうかを考える必要がある。また、人を教えて善《よ》い行いをさせようとするとき、目標をあまり高く置きすぎてはならない。相手が実行できる範囲にとどめるべきである。

部下を指導する際のテクニック

部下を指導する際に、とても参考になる教えだ。

部下を注意、叱責する場合には、厳しくしすぎず、相手が受け入れられる程度に行えという。頭ごなしに怒鳴りつけ、部下がやる気をなくしては意味がない。**叱るときには、厳しさの程度をよく考える必要がある**のだ。

また、部下に目標を設定する場合には、本人が実行可能なレベルにとどめるべきだという。あまりに高い目標を設定すると、自分には無理だとあきらめてしまう。**手の届くところに目標を設定すれば、部下もやる気になる**というものだ。

部下を叱責するときと目標を設定するとき

注意、叱責
相手が受け入れられる程度
上司
部下
目標設定
実現可能なレベルにする
上司
部下

おい 野村!
あっ 社長 おはよう ございます
お前の 今月の売上目標は 三〇〇〇万円だ わかったな
仕事しろ!
ムリだぁ…
えーっ…

実現が不可能な目標を設定されても、自分には無理だとあきらめることになる。

すぐれたリーダーの一言が部下を救う

士君子は貧にして物を済《すく》うこと能《あた》わざる者なるも、人の癡迷《ちめい》の処に遇《あ》いては、一言を出だしてこれを提醒《ていせい》し、人の急難の処に遇いては、一言を出だしてこれを解救す。また是れ無量の功徳《くどく》なり。

士君子貧不能済物者、遇人癡迷処、出一言提醒之、遇人急難処、出一言解救之。亦是無量功徳。

（前集一四二）

訳 士君子は、貧乏で物質的な面で人を救ってやることができないときも、愚かで迷っている人に会ったときには、ただ一言でその迷いから目を覚まさせ、危難に苦しんでいる人に会ったときには、ただ一言でその苦しみから救ってやれる。これもまた、計り知れないほど大きな功徳である。

一言の助言で部下を救う

士君子は、物質的な面で助けることができない場合でも、悩んでいる人や苦しんでいる人に対して、一言の助言で悩みや苦しみから解放してやることができるという。

これも現代のリーダーに当てはまることといえよう。すぐれたリーダーは、物質的な手助けができなくても、適切・的確な助言によって、部下を悩みや苦しみから解放してやることができるのではないだろうか。**一言のアドバイスで部下を救うことができる人こそ、すぐれたリーダー**といえるのかもしれない。そんなアドバイスができるリーダーを目指したいものだ。

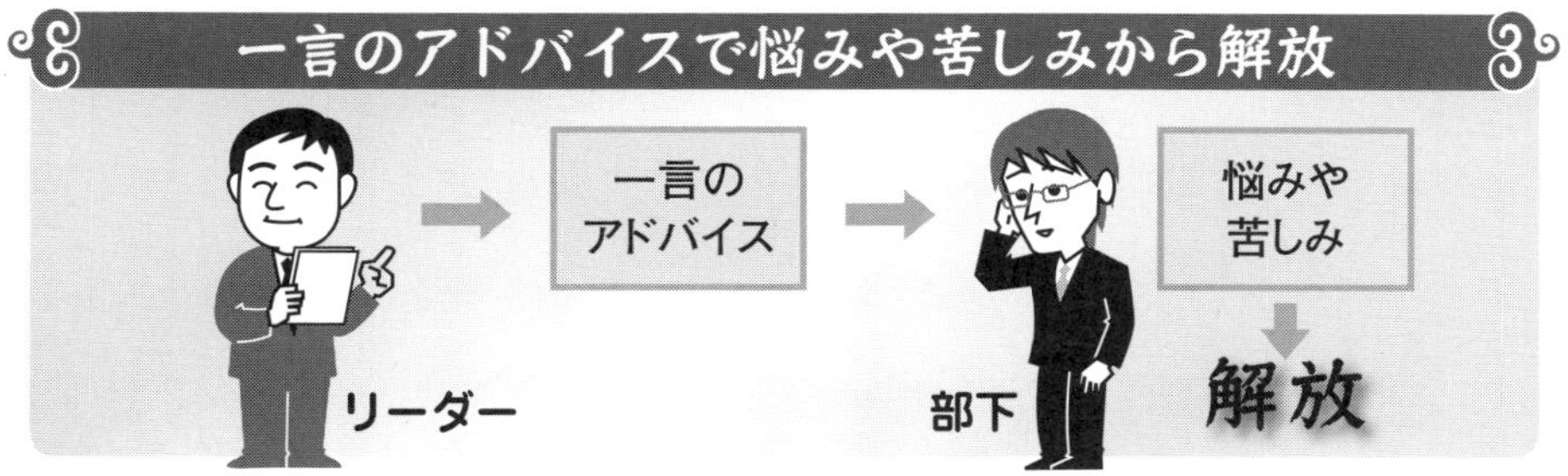
一言のアドバイスで悩みや苦しみから解放
リーダー
一言のアドバイス
部下
悩みや苦しみ
解放

君なら絶対に大丈夫自信を持ちなさい
ハイ…
そう言われるとなんだかホッとしました
仕事に自信がなかったので部長の言葉で救われました
マスター紹介しよう
今度うちの会社に入った平田クンだ
よろしくお願いします
部長さんはすぐれた
リーダーですね

「鉄は熱いうちに打て」卵の段階でしっかりと教育

子弟は大人《たいじん》の胚胎《はいたい》なり。秀才は士夫《しふ》の胚胎なり。此の時、若《も》し火力到らず、陶鋳《とうちゅう》純ならざれば、他日、世を渉《わた》り朝に立ちて、終《つい》に個の令器と成り難し。

子弟者大人之胚胎。秀才者士夫之胚胎。此時、若火力不到、陶鋳不純、他日、渉世立朝、終難成個令器。

（前集二一九）

訳

若者はやがて大人となる卵であり、秀才はやがて指導者となる卵である。この卵の段階で、十分に焼きを入れ、陶冶《とうや》するのに専一でないと、将来、世間に出て地位に就いたとき、立派な人物というものにはとてもなりにくい。

「鉄は熱いうちに打て」人材育成も同じ

若者は大人の卵。秀才は指導者の卵。この卵の段階で、焼き入れや陶冶が不十分だと、将来、立派な人物とはならないのだという。

「**鉄は熱いうちに打て**」。思考が柔軟で、吸収する力のある若いうちに鍛えるべきだということである。人材育成においても、早い段階にしっかりとした教育・指導を行ったほうが、優秀な人材として成長するだろう。そして、基本的なビジネススキルは、若い時期にしっかりと身につけておきたい。若いうちに身につけたスキルは、その後の長い仕事人生の糧となるからだ。

早い段階での教育・指導

早い段階で教育・指導
基本的なビジネススキルをしっかり身につける
＝
仕事人生の糧

こんな企画書じゃわからん 企画書も満足に書けないのか
基本的なビジネススキルを身につけたまえ
はいっ すみません！
しっかりスキルを身につけてがんばりますのでご指導をお願いいたします
鉄は熱いうちに打て 人も若いうちに鍛えろ…か

夕映えは美しく輝く

「日既に暮れて
而もなお
烟霞絢爛たり」
日が暮れても
夕映えは
美しく
輝いている

「故に末路晩年は
君子更に宜しく
精神百倍すべし」
人間　年をとって
ますます精神を
奮い立たせなければ
ならない
あたしも松ちゃんも
まだまだこれからです

「日既《すで》に暮れて、而《しか》もなお烟霞絢爛《えんかけんらん》たり。歳将《まさ》に晩《く》れんとして、而も更《さら》に橙橘芳馨《とうきつほうけい》たり。故に末路晩年は、君子更に宜《よろ》しく精神百倍すべし」

（前集一九六）

訳　日はすでに暮れ落ちても、なお夕映えは美しく輝き、年の暮れになっても、柑橘は一段とよい香りを放っている。それゆえ、晩年に際しては、君子たるもの、一段と精神を奮い立たせるべきである。

第7章

事業を行うとき

事業を行うとき、どうするべきか？

事業の基礎は「徳」である

徳は事業の基《もとい》なり。未《いま》だ基の固《かた》からずして、棟宇《とうう》の堅久なるものはあらず。心は後裔《こうえい》の根なり。未だ根の植《た》たずして、枝葉の栄茂するものはあらず。

徳者事業之基。未有基不固、而棟宇堅久者。心者後裔之根。未有根不植、而枝葉栄茂者。

（前集一五六）

訳　徳（人格）が、事業を発展させる基礎となる。基礎が堅固でなくて、その家屋が長続きしたためしはない。心は子孫の根になるものである。根がしっかりしていなくて、その枝葉が茂るためしはない。

何事も基礎が大事ですね

徳が事業を発展させる礎となる

「徳」、品性が備わった、すぐれた人格が、事業を興し、発展させるための基礎となる。この基礎がしっかりとしていなければ、事業は長続きしないのだという。

現代における事業、ビジネスの基礎も「徳」といえるのかもしれない。ただ金儲《もう》けに走るだけでは、その事業は長続きせず、土台からくずれていくことになるだろう。

もちろん利益追求も大事だが、ベースには「徳」がなければならない。「徳」があってこそ、顧客や取引先、さらには社会から信頼され、事業が発展していくことになる。そういった意味で**「徳」が事業を発展させる礎となる**のだ。

基礎がしっかりしていないと土台からくずれる

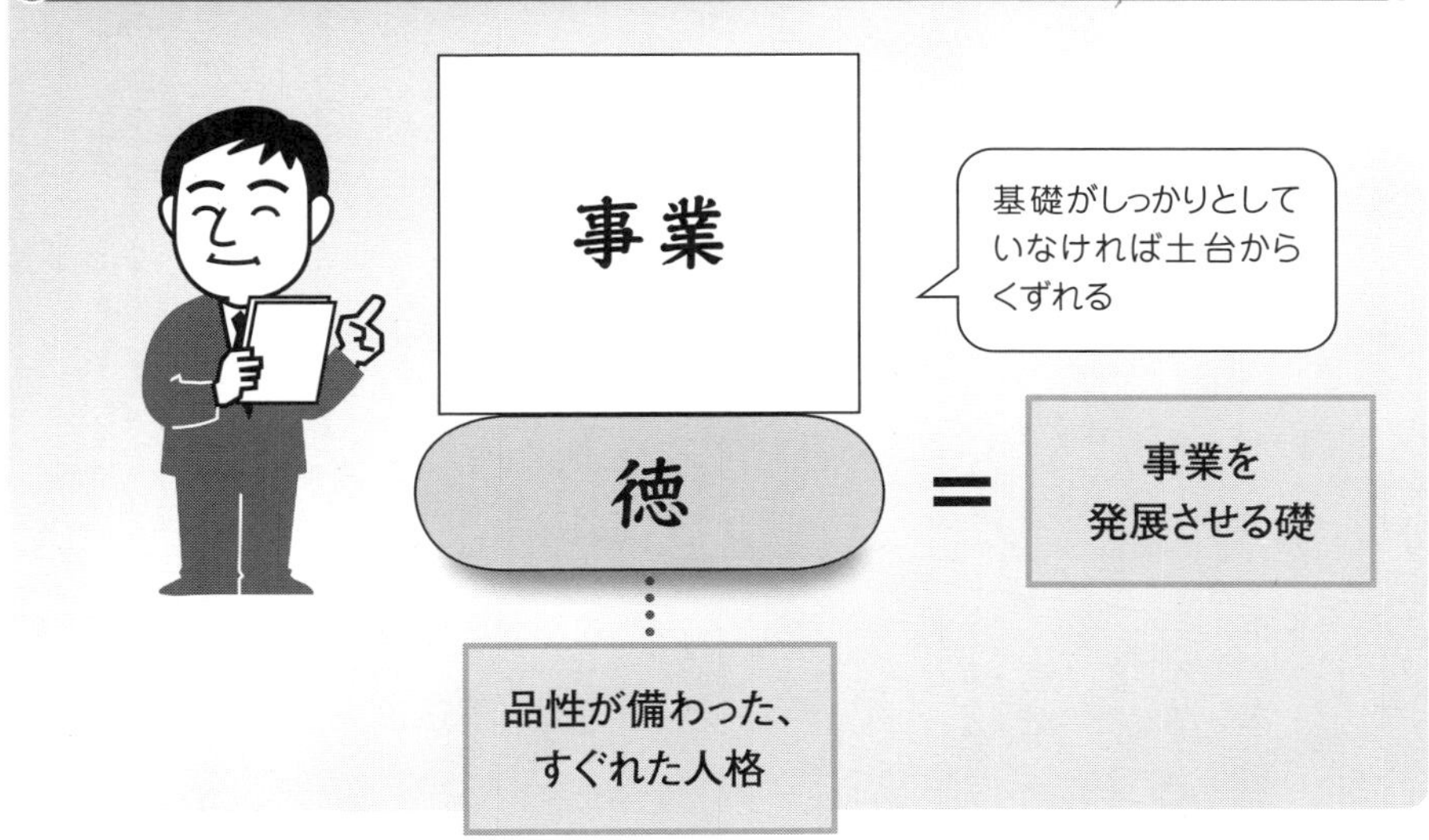

事業
基礎がしっかりとしていなければ土台からくずれる
徳
＝
事業を発展させる礎
品性が備わった、すぐれた人格

あの人には徳が備わってる
だから事業も長続きし成功するんだ
へえ～
そういうものですか

始めるときには退くことも考えておく

歩を進むるの処《ところ》、便《すなわ》ち歩を退くを思わば、庶《こいねが》わくは藩《まがき》に触るるの禍《わざわい》を免れん。手を着くるの時、先《ま》ず手を放つを図らば、纔《わずか》に虎に騎《の》るの危きを脱《のが》れん。

進歩処、便思退歩、庶免触藩之禍。
着手時、先図放手、纔脱騎虎之危。
（後集二九）

訳 一歩踏み出すところで、一歩退くことを念頭においておけば、向こう見ずに進んだ羊が、垣根に角を突っ込んで進退きわまるような災難からは免れることができるだろう。また、事業にあたっては、いざ着手するときに、あらかじめその事業から手を引くことを考えておけば、虎に騎《の》った勢いでやみくもに突っ走る危険から逃れることができよう。

着手するときは、同時に撤退することも念頭に

前に進むときには、必ず退くことを考える。そうすれば、身動きがとれなくなる恐れはない。また、事を行うにあたっては、手をつけるときに、手を引くことを考える。そうすれば、むやみに突っ走ることはないという。

事業に着手するときには、同時に撤退することも念頭におくべきであろう。そうすれば、仮に失敗したとしても、大きな痛手を受けずにすむ。撤退を考えず、突き進むことしか頭になければ、傷も深くなるだろう。

前に進むことだけではなく、退くことも念頭に。事業経営の心得の一つといえよう。

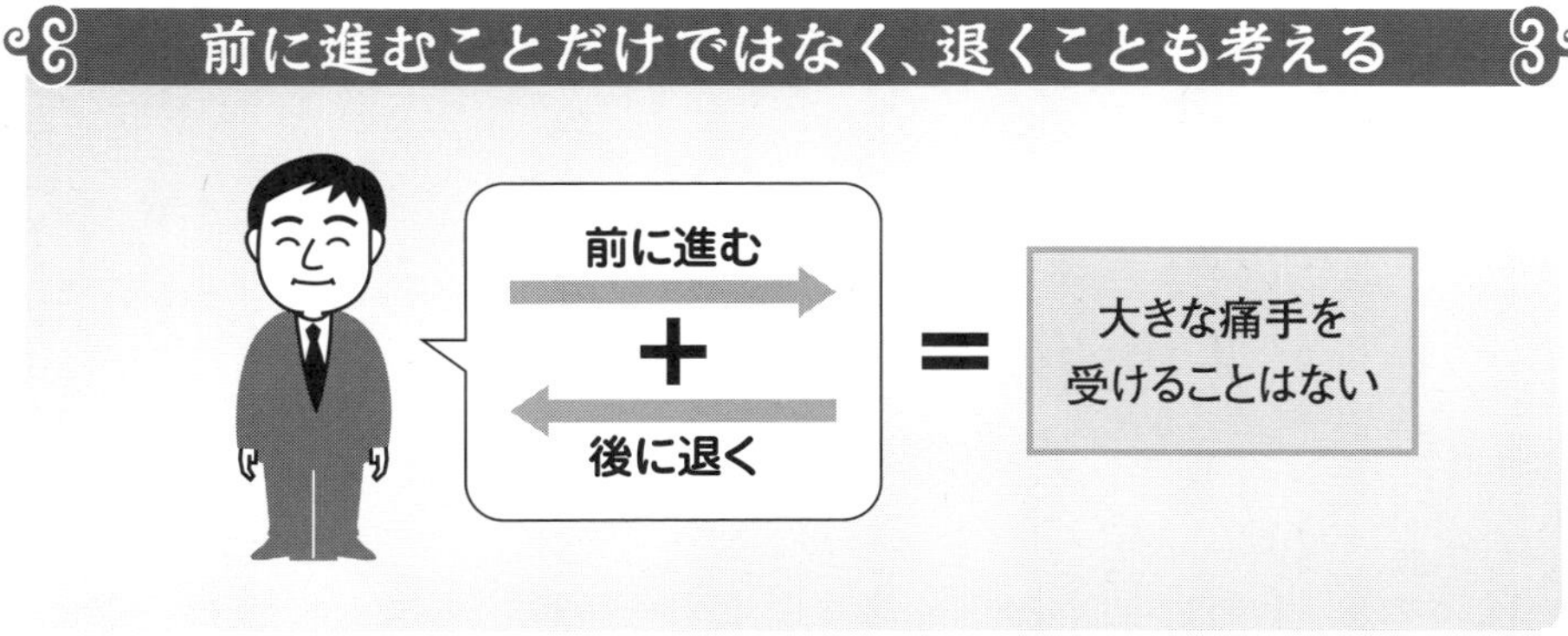
前に進むことだけではなく、退くことも考える
前に進む
＋
後に退く
＝
大きな痛手を受けることはない

何かを行おうとするときには前に進むことだけではなく
退くことも考えておく必要があります

事業を始めるときは強い石弓を発するように慎重に

磨礪《まれい》は当《まさ》に百煉《れん》の金の如くすべし、急就の者は邃養《すいよう》にあらず。施為《しい》は宜《よろ》しく千鈞《せんきん》の弩《ど》に似たるべし、軽発の者は宏功なし。

磨礪当如百煉之金、急就者非邃養。
施為宜似千鈞之弩、軽発者無宏功。
（前集一八八）

訳　修養をするのなら、何度も練り鍛えた金のように、じっくりとするのがよい。速成では深い修養は得られない。また、事業を行うなら、強い石弓を発するように、慎重にするのがよい。軽々しく行っては大きな成果は得られない。

慎重なくして成果なし

じっくりと、また慎重に行えという教えである。

自分を磨くときには、時間をかけてじっくりと行わなければならない。短時間では成長は期待できないのだ。

また、軽々しく事業を始めても大きな成果をあげることはできない。「**慎重なくして成果なし**」、ということである。事業を始めるときには、綿密な事業計画を立て、慎重な姿勢で臨まなければならないのだ。ただし、目まぐるしく動く現代ビジネス社会では、慎重になりすぎて、時機を逸しないように注意しなければならないが。

事業を始めるときには

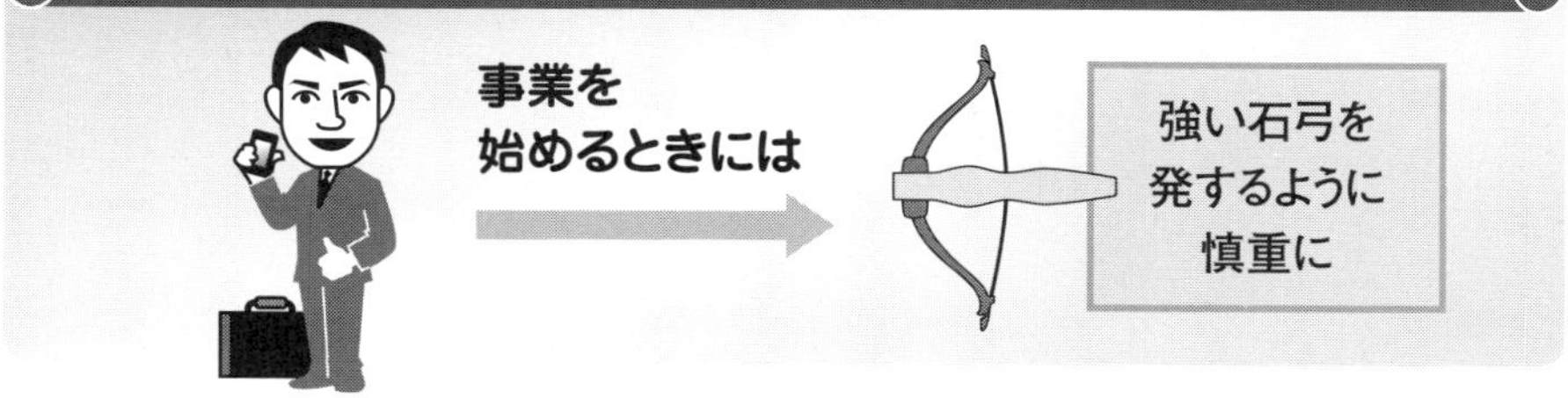
事業を
始めるときには
強い石弓を
発するように
慎重に

目まぐるしく動く現代のビジネス社会
事業を始めるときはくれぐれも慎重に…
だからといって
慎重すぎて時機を逸しないように注意する

成功をつかむためには素直さと柔軟さが必要

功を建て業を立つる者は、多くは虚円の士なり。事を僨《やぶ》り機を失う者は、必ず執《しつ》拗《よう》の人なり。

建功立業者、多虚円之士。僨事失機者、必執拗之人。

（前集一九四）

訳 大事業を成し遂げる人は、多くは虚心（素直）で円滑な人である。事業に失敗して機会を失うような人は、必ず片意地で執念深い人である。

事業を行う際の心得としたい言葉ですね

成功をつかむためには？

大事業を成功させるのは、素直で柔軟な人であり、事業を失敗させ、チャンスを逃すのは、強情で融通のきかない人なのだという。事業を行う際の心得としたいものである。

強情で融通がきかないと、環境の変化などに対応できず、従来のやり方にこだわり、失敗を招くことになる。それに対して、素直で柔軟であれば、世の中の変化にあわせて対応し、新しいやり方も取り入れていくことができる。だからこそ成功をつかむこともできるのだろう。

「素直さと柔軟さ」、事業を行う際には、この二つが不可欠といえよう。

事業が成功する場合と失敗する場合

素直
柔軟
事業が成功
強情
融通がきかない
事業が失敗

人間 大切なのは
素直さと柔軟さだ
強情で融通がきかないと
環境の変化にもついていけない
そうですね
君には素直さも柔軟さもある
世の中の変化にあわせて対応していけるだろう
社長 ありがとうございます がんばります

好調なときと失敗したとき
失敗しても投げ出さない

恩《おん》裡《り》に由来《ゆらい》害を生ず。故に快意の時、須《すべか》らく早く頭《こうべ》を回《めぐ》らすべし。敗後に或《あるい》は反って功を成す。故に払心《ふっしん》の処《ところ》、便《すなわ》ち手を放つこと莫《なか》れ。

恩裡由来生害。故快意時、須早回頭。
敗後或反成功。故払心処、莫便放手。
（前集一〇）

訳 恩情の厚いときは、思わぬ災害を生むことが多い。だから、恩情が厚く得意なときには、早く反省し頭を切り替えなければならない。また、物事が失敗した後に、成功のきっかけをつかむことが多い。だから、失敗して思いどおりにならないからといって、あきらめて投げ出してはならない。

人生もビジネスも山あり谷あり

好調なときには、不測の事態に備え、早めに頭を切り替える。失敗の後に成功のきっかけをつかむこともある。失敗したからといって投げ出してはならないということである。

人生もビジネスも、成功したり失敗したり、その繰り返しではないだろうか。ビジネスが成功し、好調なときには、それに浮かれず、早めに頭を切り替え、気持ちを引き締める。逆に失敗したときには、あきらめず、成功のきっかけをつかむよう努力する。人生もビジネスも「**山あり、谷あり**」。山のとき、谷のとき、それぞれどうすべきなのかを教えてくれている。

好調なとき、失敗したとき
好調なとき
頭を切り替える
気を引き締める
失敗したとき
失敗したからといって
投げ出さない

山あり

松田良平
好調です！
がんばります

谷あり

松田良平
失敗しました…

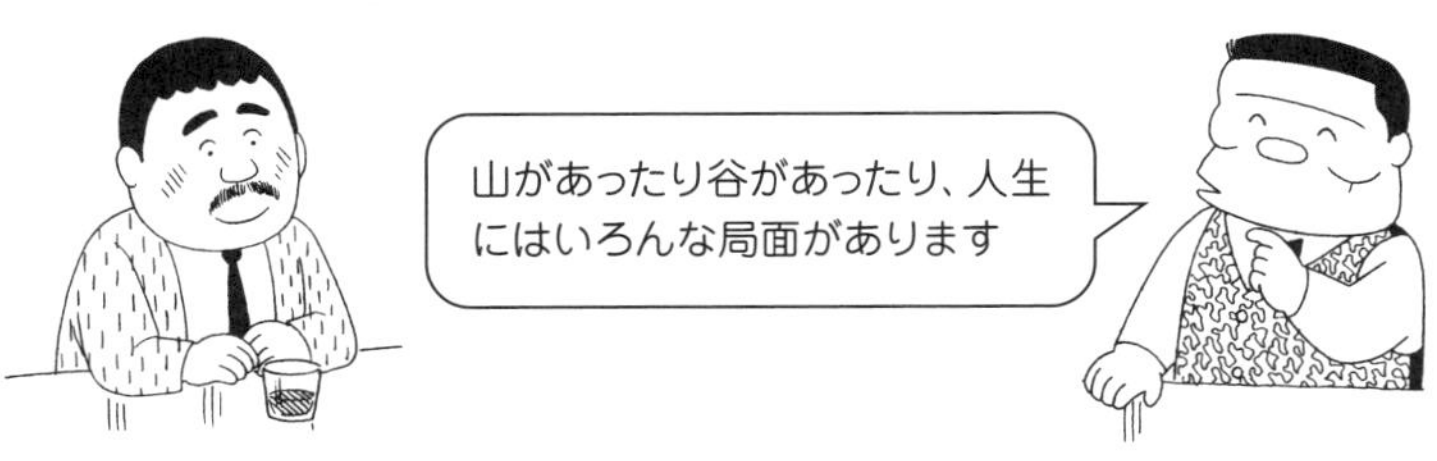
山があったり谷があったり、人生にはいろんな局面があります

事業経営の秘訣
人を喜ばせるだけではダメ

世に処しては、宜《よろ》しく俗と同じかるべからず、また宜しく俗と異なるべからず。事を作《な》すには、宜しく人をして厭《いと》わしむべからず、また宜しく人をして喜ばしむべからず。

処世、不宜与俗同、亦不宜与俗異。
作事、不宜令人厭、亦不宜令人喜。
（前集一九五）

訳 処世の道として、世俗の人とまったく同じであってはよくないが、さりとてあまりかけ離れてしまってもよくない。事業にあたって、人に嫌な思いをさせるのはよくないが、さりとて喜ばせるだけでもよくない。

利益を確保しつつ満足度を高める

世俗と同調するのはよくないが、離れすぎてもいけない。これが世渡りの秘訣。そして、人に嫌な思いをさせるのはよくないが、喜ばせるだけでもいけない。これが事業経営の秘訣だ。

人に嫌な思いをさせるようでは、まずその事業は成り立たない。だが、人を喜ばせるだけでもダメなのだ。人を喜ばせることとは、現代でいえば顧客満足となるだろうか。顧客の満足度を高めることは大切だが、利益を度外視しては経営が成り立たない。**利益を確保しつつ満足度を高める**。そういったバランスが求められるのだろう。

嫌な思いをさせては成り立たないし、喜ばせるだけでもダメ

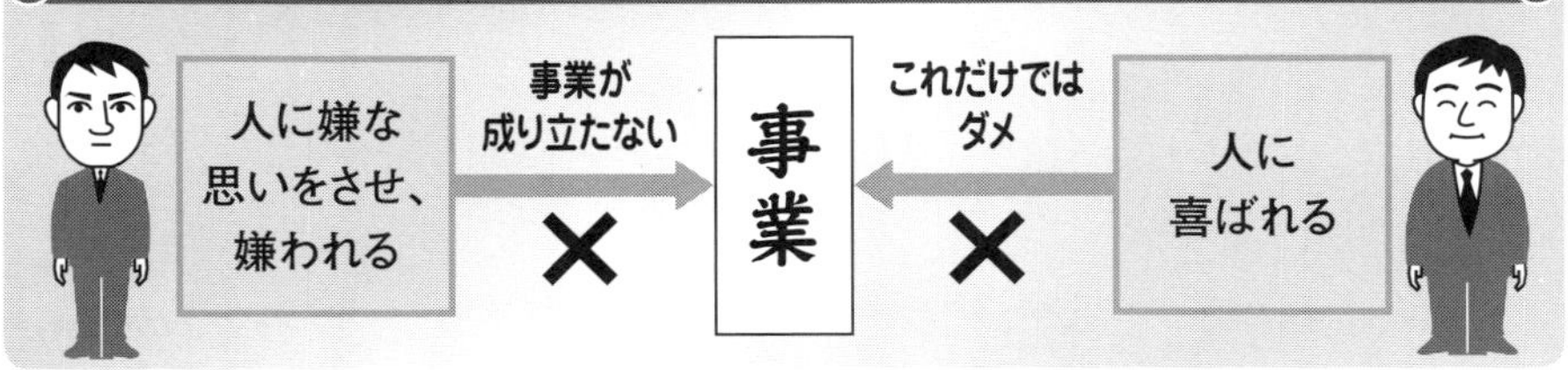
人に嫌な思いをさせ、嫌われる
事業が成り立たない
✕
事業
これだけではダメ
✕
人に喜ばれる

事業を行う場合
人を喜ばせなければならないんだよね
ああ 人に嫌な思いをさせるようでは
その事業は成り立たないね
人を喜ばせるってことは 顧客を満足させるってことだよね
そう ただし
利益も確保するつまり利益を確保しつつ顧客の満足度を高める
ふ～ん なるほどね

過去の失敗にくよくよするよりも将来の失敗に備える

未《いま》だ就《な》らざるの功を図《はか》るは、已《すで》に成るの業《ぎょう》を保つに如《し》かず。既《き》往《おう》の失《しつ》を悔ゆるは、将来の非を防ぐに如かず。

図未就之功、不如保已成之業。悔既往之失、不如防将来之非。

（前集八〇）

訳

まだ成就していない事業の出来をあれこれ考えるよりも、すでに完成した事業を長く保ち発展させるほうがよい。また、過去の失敗をいつまでも後悔するよりも、将来の失敗を予防するほうがよい。

過去の失敗を引きずってはいけません

将来の失敗を予防する

完成しない事業のことを考えるよりも、軌道に乗った事業の発展をはかる。過去の失敗を後悔するよりも、将来の失敗に備える。このままビジネスに当てはまる教えといえよう。

状況にもよるが、まだ見通しの立たない新規事業に、あれこれ頭を悩ますよりも、すでに軌道に乗った事業の維持、発展に注力したほうがよい場合もあるだろう。また、過去の失敗を引きずって、いつまでもくよくよとするのはよくない。**失敗は失敗としてそれを教訓とするべき**である。そして、二度と同じような失敗を繰り返さないよう、予防に努めるのが賢明といえよう。

過去の失敗と将来の失敗
過去
将来
×
失敗
くよくよする
後悔する
○
失敗
備える
予防する

私…
もうくよくよしない
ユキちゃん
今度は失敗しないように注意するわ
もう少しがんばってみよう!
そうだよ その意気だよ

過去の失敗にくよくよしない。二度と同じような失敗をしないよう予防に努めるべきである。

「二兎を追う者は一兎をも得ず」一つのことに集中する

学ぶ者は、精神を収拾し、一路《いちろ》に併帰《へいき》することを要す。如《も》し徳を修めて意を事功名誉に留《とど》むれば、必ず実詣《じっけい》なし。書を読みて興《きょう》を吟咏風雅に寄《よ》すれば、定めて深心《しんじん》ならず。

学者、要収拾精神、併帰一路。如修徳而留意於事功名誉、必無実詣。読書而寄興於吟咏風雅、定不深心。

（前集四四）

訳　学問する者は、気を散らさないようにして、一つの道に集中することが大切である。道徳を修めようとしながら、功績や名誉に心をひかれたのでは、真実の修養には至らない。書物を読みながら、詩文の遊びや風雅に興味を寄せたならば、書物の深い心に至らず、浅薄なものとなる。

一つのことに集中する

一つのことに集中せよ。ほかのことに興味を示したり、よそ見をしたりしてはならないということだ。

仕事も、あれもこれもと手を出さず、一つのことに専念したほうがよい場合もあるだろう。**「二兎《にと》を追う者は一兎《いっと》をも得ず」**という言葉もあるが、いろいろなことに手を出しても、結局、何一つうまくいかない、ということもあるからだ。また、事業を行う際には、多角化せずに、経営資源を一つに集中して投入したほうがうまくいくこともある。

集中すべきときには、一つのことに集中する。大事なことだ。

あれもこれもと手を出さず、一つのことに集中

○
一つのことに集中、専念
×
あれもこれもと手を出す
結局、一つもうまくいかない

あっ 流れ星だ
願いごと言わないの？
今度こそ仕事がうまくいきますように！ あれこれ手を出すのはやめて今の仕事に専念するよ
そうね「二兎を追う者は一兎をも得ず」一つに集中してがんばりましょう

行き詰まったら初心に立ち返り成功したら行く末を見定める

事窮まり勢蹙《せいちぢ》まるの人は、当《まさ》にその初心を原《たず》ぬべし。功成り行《こう》満つるの士は、その末路を観んことを要す。

事窮勢蹙之人、当原其初心。功成行満之士、要観其末路。

（前集三〇）

訳

事業に行き詰まって、進退きわまった人は、初心に立ち返って考え直すべきである。事業が成功し名を遂げた人は、その先がどうなるか行く末を見定めておくべきである。

行き詰まったときには初心に立ち返るといいですよ

事業に行き詰まったとき、成功して頂点にあるとき

事業に行き詰まったときには、**初心に立ち返り、成功したときには、行く末を考えなければならない**という。ビジネスにおいてもこのまま当てはまる教えだ。

仕事や事業がうまくいかなくなり、身動きがとれなくなったときには、出発点に戻る。初心に立ち返って失敗の原因を考えてみよう。そうすれば、解決の糸口が見えてくるはずだ。

逆に成功し、頂点にあるときには、この先どうなるのか、どうすべきなのか、先々をよく考えておかなければならない。その状態がいつまでもそのまま続くことはないからだ。

窮地に陥ったときと頂点にあるとき
行き詰まる
窮地に陥る
初心に
立ち返る
成功する
頂点にある
先々を
よく考える

行き詰まったとき
初心に立ち返ろう
そうだね そして失敗の原因を探れば解決のヒントが見つかるかも
成功しているとき
今のよい状態がずっと続くとは限らないから先々を考えないと
そうだよ
松ちゃんにしてはいい心がけだね

倹約は美徳だが、度が過ぎるとマイナスに働く

倹は美徳なり。過ぐれば則《すなわ》ち慳《けん》吝《りん》と為《な》り、鄙嗇《ひしょく》と為りて、反《かえ》って雅道を傷《やぶ》る。譲は懿行《いこう》なり。過ぐれば則ち足恭《しゅきょう》と為り、曲謹《きょくきん》と為りて、多くは機心に出づ。

倹美徳也。過則為慳吝、為鄙嗇、反傷雅道。譲懿行也。過則為足恭、為曲謹、多出機心。

（前集一九八）

訳

倹約は美徳であるが、度が過ぎるとケチになり、卑しくなって、かえって正しい道を損なうことになる。謙虚はよい行為だが、度が過ぎると馬鹿ていねいになり、卑屈になって、何か魂胆がある場合が多い。

コスト削減だけに片寄るのは禁物

倹約は美徳であるが、度が過ぎるとケチになり、マイナスに働くという。

ビジネスにおいても、倹約すること、無駄を省くことはよいことではある。だが、**コスト（費用など）削減だけに片寄りすぎるのは禁物**だ。大事なところにはコストをかけるという姿勢が必要だろう。コスト削減ばかりに走れば、事業の発展がのぞめなくなり、企業の衰退にもつながりかねない。

コストを削るところ、コストをかけるところ、その見極めとバランスが肝要といえよう。

コストをかけるところ、削るところ

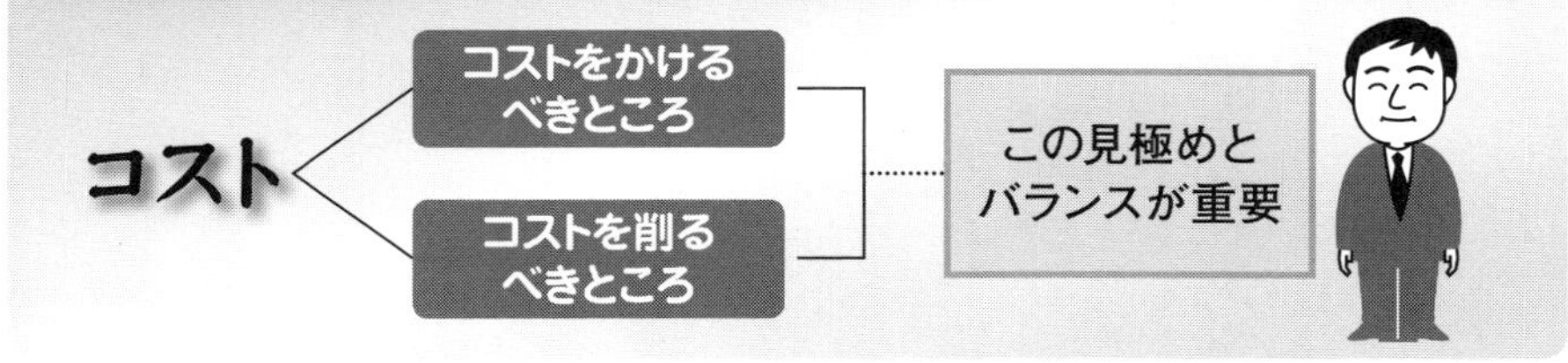
コスト
コストをかけるべきところ
コストを削るべきところ
この見極めとバランスが重要

モゾ
モゾ…
うーん
ムクッ
電気代やガス代を節約コスト削減とはいえ
ふとんの中で過ごしていても
仕事は進まないな…

度が過ぎたコスト削減は禁物。

逆境を順境に 平穏なときに備えを

天の機緘《きかん》は測られず。抑えて伸べ、伸べて抑う、皆これ英雄を播《は》弄《ろう》し、豪傑を顚倒《てんとう》するの処《ところ》なり。君子は只《た》だ是れ逆に来たれば順に受け、安きに居りて危きを思う、天もまたその伎倆《ぎりょう》を用うるところなし。

天之機緘不測。抑而伸、伸而抑、皆是播弄英雄、顚倒豪傑処。君子只是逆来順受、居安思危、天亦無所用其伎倆矣。

（前集六八）

訳

天が与える運命のからくりは、人間の知恵では到底計り知ることができない。抑えて苦しめたと思えば、伸ばして喜ばせ、伸ばしたかと思うとまた抑えたりする。すべてこれは英雄をもてあそび、豪傑を蹴り倒そうとするものである。しかし、君子は天が逆境を与えれば、順境として受けとめ、平穏無事なときにも、危急の際の備えをしている。だから、天も腕の振るいようがないのである。

運命には逆らえないが……

天の与える運命のからくりは、人間には計り知れない。つまり、運命には逆らえないということか。そして逆境を順境として受けとめ、平穏無事なときに備えることが大事だという。

「**逆境を順境に**」。ビジネス的にいうと、「**ピンチをチャンスに**」となるだろうか。ピンチに陥ったときは、困った、困ったと困惑するだけではなく、ピンチをチャンスに変える手段や方法を模索しよう。きっと糸口が見つかるはずだ。また、日常の平穏なときに、いざというときの備えをしておこう。運命には逆らえないが、少なくともその心がまえだけはしておきたいものだ。

この逆境も順境に…
ピンチをチャンスにと行くか
きん太
PUB
スナック ひめ
スナック きん太

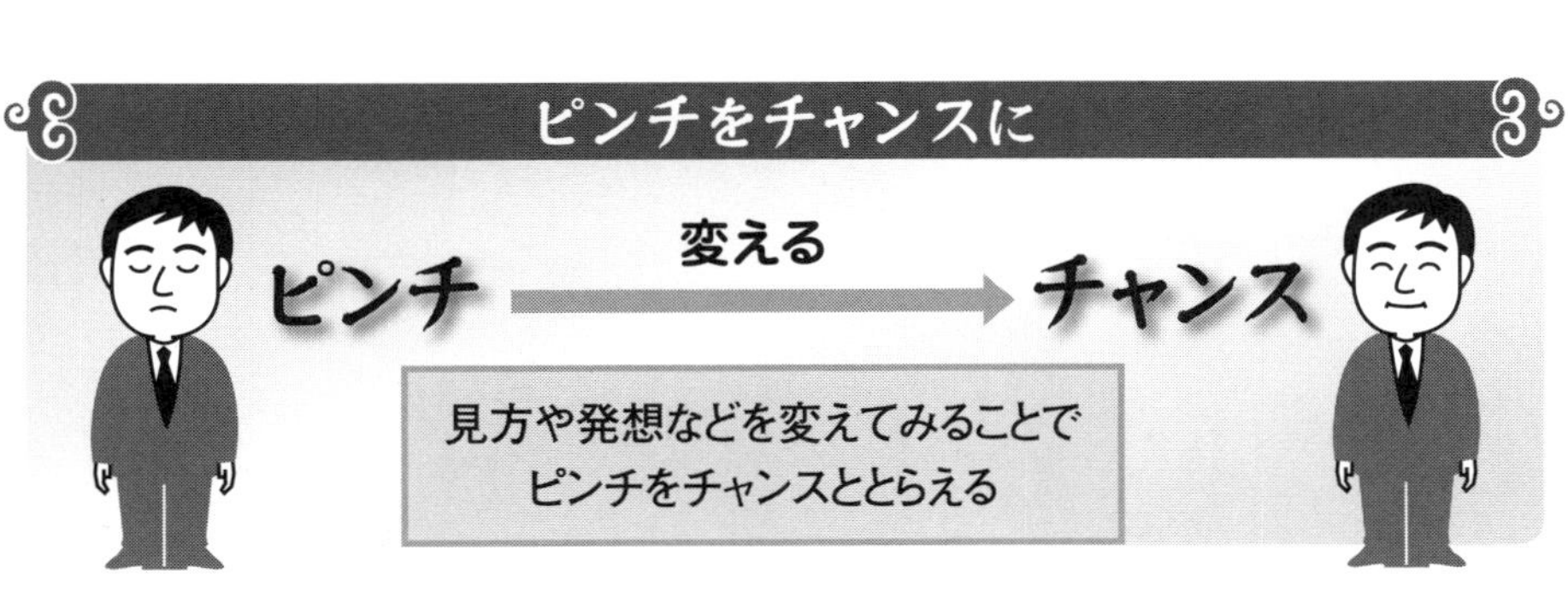
ピンチをチャンスに
変える
ピンチ
チャンス
見方や発想などを変えてみることで
ピンチをチャンスととらえる

客観性と主体性を兼ね備えること

事を議する者は、身、事の外に在りて、宜《よろ》しく利害の情を悉《つく》すべし。事に任ずる者は、身、事の中に居りて、当《まさ》に利害の慮《おもんぱかり》を忘るべし。

議事者、身在事外、宜悉利害之情。
任事者、身居事中、当忘利害之慮。
（前集一七三）

訳

物事を相談する（考える）ときには、自分の身を客観的な立場に置いて、利害損失の実情を十分に検討せよ。また、実行するときには、自分の身を当事者の立場に置いて、自分の利害損失の打算を忘れるようにせよ。

事業や仕事を成功に導くためには

物事を実行する前（物事を考え、相談する）の段階では、客観的に利害損失を検討し、見極めなければならない。そして、いざ実行というときには、当事者の立場に立って主体的に取り組まなければならないという。

事業を行う場合にも、このような姿勢が求められるだろう。計画の段階では、利益や損失について、客観的に検討・判断する。そして、計画を実行に移すときには、他人まかせではなく、自ら主体的に取り組んでいく。「**客観性と主体性を兼ね備えること**」、これも事業や仕事を成功に導く秘訣といえよう。

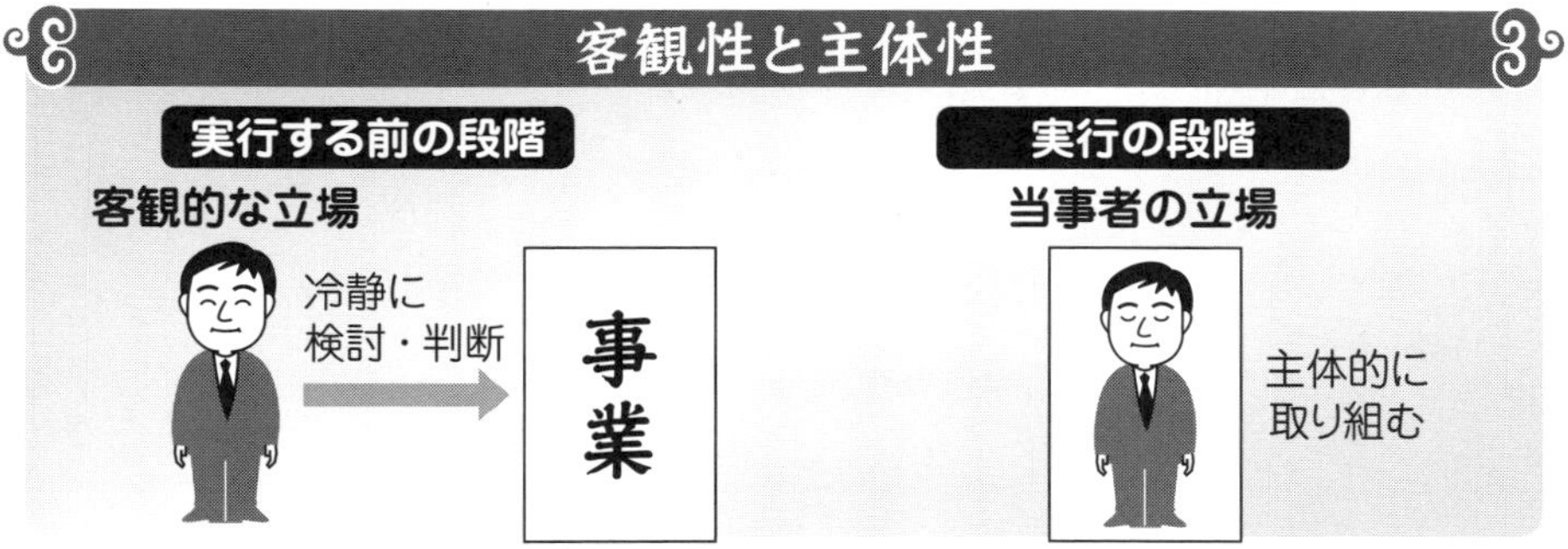
客観性と主体性
実行する前の段階
客観的な立場
冷静に
検討・判断
事業
実行の段階
当事者の立場
主体的に
取り組む

客観的な立場から冷静に検討したら
いざ実行だ 私が先頭に立って進めていくとしよう
次の日
みんなに集まってもらったのは
ほかでもない 新規事業の件だ 新規事業の陣頭指揮は私がとる
社長自ら…

善い行いは人目につくところを嫌う

「悪は陰を忌み善は陽を忌む」
悪事は人目につかないところを嫌って善い行いは人目につくところを嫌う…
人目につかない行いほど値打ちが大きいということ
へえ〜そういうものなんだあ

「悪は陰を忌《い》み、善は陽を忌む。故に悪の顕《あら》われたるものは禍《わざわい》浅くして、隠れたるものは禍深し。善の顕われたるものは功小にして、隠れたるものは功大なり」

（前集一三八）

訳 悪事は人目につかないところを嫌い、善い行いは人目につくところを嫌う。だから人目につくところに現れた悪事は害が小さく、かくれた悪事は害が大きい。人目につくところに現れた善い行いは値打ちは小さく、かくれた善い行いは値打ちが大きい。

おわりに

本書を通して、『菜根譚』の世界に気軽に触れることができ、その教えが仕事・生活のヒントやアドバイスに、また、その言葉がビジネスパーソンにとっての安心や激励となれば幸いである。

ただし、本書は『菜根譚』の中のいくつかの言葉を紹介したにすぎない。本書で取り上げた言葉以外にも、『菜根譚』には仕事や人生の参考となる言葉がいくつもある。だから、さらに『菜根譚』の世界に踏み込んで、その味わい深い言葉に触れてみることをおすすめしたい。

前田信弘

【参考文献】

『菜根譚』今井宇三郎（岩波書店）
『菜根譚』中村璋八、石川力山（講談社）
『[決定版] 菜根譚』守屋洋（ＰＨＰ研究所）
『「菜根譚」の読み方』ひろさちや（日本経済新聞出版社）
『菜根譚の名言ベスト１００』守屋洋、守屋淳（ＰＨＰ研究所）
『菜根譚 心を磨く一〇〇の智慧』王福振・編、漆嶋稔・訳（日本能率協会マネジメントセンター）
『老子』蜂屋邦夫（岩波書店）

前田信弘（まえだ　のぶひろ）

経営コンサルタント、ファイナンシャル・プランナー。長年、経営、会計、金融、マーケティングなど幅広い分野でビジネス教育に取り組むとともに、さまざまなジャンルで執筆・コンサルティング活動を行う。あわせて歴史や古典などをビジネスに活かす研究にも取り組んでいる。

主な著書
『知識ゼロからの会社の数字入門』『知識ゼロからの孫子の兵法入門』『知識ゼロからのマーケティング入門』『知識ゼロからの会社のしくみ』『知識ゼロからのビジネス論語』（以上、幻冬舎）、『一発合格！ FP技能士3級完全攻略テキスト』『一発合格！ FP技能士3級完全攻略実戦問題集』『一発合格！ FP技能士2級AFP完全攻略テキスト』『一発合格！ FP技能士2級AFP完全攻略実戦問題集』『トコトンやさしい日商簿記3級テキスト＆問題集』（以上、ナツメ社）、『ここが出る!! FP技能士3級完全合格教本』（新星出版社）、『3カ月で合格！ FP技能士 最短合格の時間術・勉強術』（インデックス・コミュニケーションズ）、『簿記一年生』（日本能率協会マネジメントセンター）ほか多数。

装幀　石川直美（カメガイ デザイン オフィス）
装画　古谷三敏
本文漫画　『BARレモン・ハート』（双葉社）より
本文デザイン　久下尚子
本文イラスト　宮下やすこ
編集協力　ヴュー企画（須藤和枝）
編集　鈴木恵美（幻冬舎）

知識ゼロからのビジネス菜根譚

2011年9月10日　第1刷発行

著　者　前田信弘
発行人　見城　徹
編集人　福島広司

発行所　株式会社 幻冬舎
〒151-0051　東京都渋谷区千駄ヶ谷4-9-7
電話　03-5411-6211（編集）　03-5411-6222（営業）
振替　00120-8-767643
印刷・製本所　株式会社 光邦

検印廃止

ISBN978-4-344-90231-2 C2095
Printed in Japan
幻冬舎ホームページアドレス　http://www.gentosha.co.jp/
この本に関するご意見・ご感想をメールでお寄せいただく場合は、comment@gentosha.co.jpまで。